全国青少年校园美文精品集萃丛书·少年的你系列

少年的你
是破浪而去的航船

《中学生博览》杂志社 选编

时代文艺出版社

图书在版编目（CIP）数据

少年的你是破浪而去的航船 /《中学生博览》杂志社选编. — 长春：时代文艺出版社，2021.3
（青少年校园美文精品集萃丛书. 少年的你系列）

ISBN 978-7-5387-6590-8

Ⅰ. ①少… Ⅱ. ①中… Ⅲ. ①作文－中学－选集 Ⅳ. ①H194.5

中国版本图书馆CIP数据核字（2020）第267130号

出 品 人　陈　琛

产品总监　邓淑杰

责任编辑　刘瑀婷

装帧设计　孙　利

排版制作　隋淑凤

少年的你是破浪而去的航船

《中学生博览》杂志社　选编

出版发行 / 时代文艺出版社
地址 / 长春市福祉大路5788号　龙腾国际大厦A座15层　邮编 / 130118
总编办 / 0431-81629751　发行部 / 0431-81629755　北京开发部 / 010-63108163
官方微博 / weibo.com / tlapress　天猫旗舰店 / sdwycbsgf.tmall.com
印刷 / 三河市嵩川印刷有限公司
开本 / 880mm × 1230mm　1 / 32　字数 / 135千字　印张 / 7
版次 / 2021年3月第1版　印次 / 2021年3月第1次印刷　定价 / 36.00元

图书如有印装错误　请寄回印厂调换

编 委 会

Contents
目 录

少年的你是破浪而去的航船

岁月如歌

最爱辜负少年时

只是时间被搁浅

十七岁，那片放肆的疼痛

不语寂

光线很暗，苏衍鬓角那撮总不愿意剪掉的头发，暗沉如海。苏衍其实长得很漂亮，用漂亮这样不分雌雄的词来形容他是十分恰当的，毕竟他才十七岁。他举手冲我晃了晃，手铐上的白光闪过眼睛，我的脑海里生出一股疼痛，像一张大网桎梏了我的思维。

1

玻璃窗被深浅不一的雾划得支离破碎。苏衍平静地看着那层装饰性的雾，他那双如同剥了皮的葡萄般的眼睛很湿很湿。

他伸手拿下话筒，修长的指节一如他的灵魂，干净透亮。

他才十七岁。

玻璃外，我拿着话筒，线轻轻地颤着。我又叹气。

忘了。我也才十七岁。

"你妈妈还好吗？"他问。

玻璃窗上，他深陷的酒窝像蝴蝶那样翩翩起舞，我抬头，茶色瞳眸从他脸上匆匆晃过，一刻也不停留，透过玻璃，我看见自己瘦削苍白的面容上，不肯有任何表情。

"其实我很好奇，你妈妈现在是恨我多一点儿呢，还是感激我多一点儿？"他总是最清楚以何种方式使我厌烦。他觉得这些话会变成冰锥刺入我的心脏，让我痛，让我厌恶，我就不会再来了吧。

我只是继续沉静地抿着唇，安然地看着他，他败下阵来。

这么多年的相处，我比他更了解他自己。虽不是手足，却胜似手足。

我十分清楚并习惯了他的无耻和无下限。既然刺激无效，他只好把玩世不恭收敛起来，正色道："简单，别再来了，我是一个杀人凶手，杀了你的爸爸。你别为难自己好吗？"

"别自说自话行吗？不光我妈，我也感激你，如果不是你，我哪里能脱离苦海？苏衍，我谢谢你……"

"别讽刺我。简单，我受不了你这样说话。"他几乎是哀求我。

只
是
时
间
被
搁
浅

他别开眼，一如那天我知道真相的一刻。

"我妈要是又去你家要无赖要钱你别开门，让她自生自灭才好，现在我进来了，正好遂了她的愿！"苏衍最后一再地叮嘱我。

是的，苏衍，我最好的兄弟，我们都一样，有着一个不堪的家。

"即使所有都成了悲剧，唯一值得高兴的是，你再也不会受伤了。我保护了你的同时……也毁了你……"我听见苏衍在玻璃后面呢喃。

2

我心里早有准备，苏衍会是什么表情，会说什么话刺激我，以达到他的目的。

从少管所出来，把放在衣服口袋里的手掏出来，老旧路灯下，掌心里的汗珠依然很明显，思绪却冻成了冰。

从七岁在教室的储物间里第一次遇见苏衍开始，我便明白，他不在我和大多数人的国度里。

时过境迁，竟还记得当时他从垃圾桶里蓦然抬头看向我的目光，很嚣张也很纯粹，一副生人勿近的样子。看不出颜色的手里那块不知道被哪个同学丢弃的饼干，甚至还沾着泥水，他却当着我的面啃得津津有味。

那么脏，却脏得那么坦率。

如今想来，大概那时候我就羡慕上苏衍了。我羡慕他能在垃圾堆里挑拣自己想吃的，而我却只能每天对着一桌的美味佳肴担惊受怕；我羡慕他的目光明亮而放肆，而我却只能永远低着头承受加诸身体的暴力，然后是痛，然后是麻木。

很快，出租车就停了。

对这一片住宅来说，路灯像是奢侈品，今夜的雾很重，层层叠叠地压抑着我，快喘不过气来了。

空气中的臭味大片大片地泼在我脸上，大概每个城市都有这样一个让人感到绝望的地方，可怕的不是外表的乌烟瘴气，而是内里那股不可救药的腐烂。低矮的平房，长满青苔的红砖围墙，坑洼的地面，谩骂声不绝于耳，被油烟污染的孤零零的白炽灯。

程美娟——苏衍的妈妈，就处在这堆杂乱中的某一处。

尽管这样，我还是眷恋过这个地方的，因为有苏衍，苏衍会魔法，有了他的生活就像被白生生的光照过一般，恣意而炽热。

七岁那年我就知道，苏衍是极其厌恶程美娟的，与其说厌恶不如说是恨。

等了很久，屋子里亮起了灯，不一会儿一个秃头的男人提着裤子一拐一拐地走出来，远远地我还能听见程美娟尖酸刻薄的骂声："老不死，留着钱买棺材！出门就被车撞死……"

我躲在砖后头捂着耳朵，无端地觉得疼。

她披头散发，面冒红光，用脏兮兮的衣服裹住往外跳的双胸，很难想象苏衍看到这场景时会是什么表情。

每当有人称赞他有双漂亮的眼睛时，他的表情都很奇怪。苏衍曾说过，更多时候，他希望自己是瞎子。

另类又暗沉的愿望，自毁、无奈。苏衍的十七岁，兵荒马乱。

3

程美娟显然没想到我会出现，透过污浊的空气，她打量了我很久。

目光复杂，新鲜居多。

"你怎么会在这里？我还以为自从发生那件事之后你会连带着我一起恨。孩子啊，你也看到了，阿姨就是这么一个状况，住着贫民窟吃着窝窝头，你找我也没用啊！"

想必是看到我的表情止了声，她顿了顿，话锋一转。

"我就那么一个儿子，好不容易把他拉扯大，还指望老了他能在跟前孝敬孝敬，现在出了这么大的事儿，简单啊，你是个明事理的孩子，说到底他杀人也是因为你啊……"

"这卡里有三万块，您拿着吧。我知道，我很抱歉，如果不是因为我……总之是我害了他……"

程美娟一把抢过卡，两颊堆起的褶子掀起层层浪花，裸露的肩膀喇叭花一样地耸动着。

"真有三万块啊？！简单你可真是个好孩子，比苏衍那白眼狼好一万倍！阿姨谢谢你呀！唉，是苏衍对不住你，对不住你们家……"

程美娟眉飞色舞，只差把我的祖宗十八代都夸上一遍了。

我斟酌许久，观察着她脸上堆起的褶皱，还是开了口。

"阿姨……要是有时间，能不能麻烦您去趟少管所看看他？我想苏衍嘴上不说，心里还是盼着您去的……"

"有什么好看的！你是不知道啊，那天他差点儿连我一起杀了，他满身满脸的血，差点儿没把我吓死！我走到哪里都有人来问电视上那个杀人犯是不是我儿子……"

4

我没心思听课。老师也很理解，目光多次从我无神的面孔上飘过，然后继续讲课。

书包里没有装书，只有两个小小的瓷坛，我用很多层布把其中一个裹得严严实实，再用玻璃把它们隔开，分别固定在书包两边，中间空空荡荡什么都没有。终于轮到可以自己做主的时候了，再也没有鞭子在身后神出鬼没地抽过来，再也看不见比厉鬼还恐怖的那张脸了，但再也……感受不到她的温暖了。

我的心是空的，装了两个骨灰坛。

我的梦实现了，他终于死了。可我还是止不住眼泪。

我怕班上同学扫过来的目光，从小就怕。

下课或者放学，凡是有我经过的地方人群总是聚集在一起的。窃窃私语，目光好奇而躲闪，就连老师也开始欲言又止，我已经很久没有经过走廊去卫生间了，一如既往地沉默着任他们观察、讨论、猜测，反正隐忍是我与生俱来的本事。

"老师，下午我请假。"

我站在办公室门口等待批准。

话音落下，办公室就像被盖上了一层白布，笔落纸沉，数张面孔齐刷刷地向我扑来，就连窗台上那盆米兰也哆嗦了两下。

我想我的脸又苍白了不少。也对，我历来很出名。

班主任从椅子上弹了起来，她的脸变成了调色盘。

"原来是简单啊，行，老师同意了。你收拾书包回家好好休息吧，还有呢就是……别太难过孩子，马上就高三了，你要是能稳定了情绪，绝对是上清华北大的料。"

我迅速后退，配合着她的说教连连点头，无法承受办公室里那么多双眼睛加在我身上的压力。

我很累。

刚走出校门手机就响了，抬头，很少见面的叔叔倚着奔驰，表情说不上多热络。

"骨灰带了吗？我看了块墓地，风水不错，待会儿交了钱就把事办完，一切从简，明天我要出差。"

"叔叔，谢谢你的好意，不用墓地了。我妈这辈子没有一天不是在油锅里煎熬，每天战战兢兢地数着时间度日，早晨我要去上学了她一定会跟着我走到大门口，半天都不想回屋，下午就在楼上的窗户口张望，直到我进门。我永远都忘不了她的表情，长年累月的隐忍中那股挥之不去的恐惧和悲伤。现在她死了，我终于能为她做些什么了。"

我自嘲着，抬头望天，那种疾病似的蓝倒映在我空洞的眼眶里成了更难以治愈的痛苦。

"不要墓地也行，可总得找个地方安葬你父母吧？"

叔叔更关心的是什么时候能完事儿，不要墓地对他来说更好吧，省下了十几万块。我上车指路，十分钟就到了清水河。

我把书包打开，叔叔站在旁边，绿色的镜子般的河面告诉我他在看表。我打开骨灰坛，犹豫了很久还是没能把手伸进去，一直以来我怕我的爸爸，怕到极致，就算死了，对他的恐惧仍伴着身体上那些旧疤痕生出了淡淡的疼痛，蚕丝一样绞着我的心脏。

原谅我，爸爸，我并不想碰你。

我起身走到水边把坛子倒置，层层灰烬覆盖了我的眼，但很快视野就恢复清晰，低头，河面澄澈，那些粉末消失了影踪。

释放了。

纠缠多年的噩梦飞散，我亲眼看着他消失……就真的消失了吧？

"叔叔，爸爸是真的死了吧？死了的意思就是再也不会回来了，对吗？可我总害怕这不是真的，总有种一回头他就阴森森地站在我身后的感觉。"

"简单，你怎么可以这么想！你爸爸对你是严苛了些，可那是为了你好啊，棒下出孝子，这个道理你不懂吗？他内心深处一定是爱着你的。"

我摇头。叔叔其实是知道的，我不明白为什么这些大人总是相互为自己的病态做伪装。

把骨灰坛扔进河里，我起身要离开。

"你妈妈呢？你不打算把她葬在这儿？"叔叔皱眉，试图拉住我。

我反手躲开。

"简单，你干什么去？你别这么任性好不好！你已经十七岁了，该懂事了！现在你爸爸妈妈都不在了，你更应该有点儿大人的样子！"

我转过头，目光直直地看向他，很快，眼前起了雾。

"爸爸对妈妈很坏，所以我要对妈妈好些。她那么可怜，你们都知道，你们明明再清楚不过！"

我捂住战栗的面孔，缩起身子把书包紧紧捂在怀里。其实最清楚的是我，可我只能眼睁睁地看着，远远地躲着，我帮不了她，十七岁是一种懦弱的颜色，通常就被无视掉了。

妈妈，我带你走，走得远远的。

5

少管所外，远远地我看见了苍绮，苏衍的前女友，此时她正一脸沉郁地把包放进旁边男孩子的手里。

那个男生我见过，最近总是在教室外面等她放学。苏衍进了少管所，对苍绮来说已经没有任何利用价值，此时不抛弃更待何时呢。

苍绮转过身就看见了我，朝我走过来，暗沉的天色里她的脸色竟有些苍白。想必和苏衍的分手谈话进行得并不顺利吧。

"简单，苏衍很不对劲，我不知道哪里出了错，既然你来了就快进去看看，现在也只有你能让他平静下来了吧。"苍绮倚着那个男生，斜睨着我，表情冷淡。

我皱眉。

不该是这样，苍绮对苏衍来说最多只是寂寞里的消遣物，也许苏衍喜欢过她，但绝对到不了爱情的程度，苏衍也早该料到苍绮会提出分手。

"你对他说了什么？"

苍绮动了动唇，眯着眼睛抬头看看天，肩膀一耸："还能有什么，分手呗。"

"你知道吗，"苍绮接着说，"当我在电视上看见苏衍被警察带走时，我的脑子都是空的，但我并不意外，我知道他那么混下去总有一天会出事。可我没办法想象他杀人的时候是什么模样，我认识的他不该那么恐怖，我现在都不敢看他的眼睛，我怕看到血，我怕看到鬼。"

我很平静，心脏却打嗝似地一怵一怵。

"所以？"我几乎是哽咽着耸耸肩。

"我对他说，简单是个那么好的人，跟你玩得那么好，你竟然会那样对他！他爸爸确实不是人，可是你为什么丧心病狂到连他妈妈也不放过？他妈妈也很可怜啊，那么多年不知道怎么熬过来的！然后，他就跟疯了似的发狂，不停地捶着玻璃朝我喊，问我你妈妈怎么了，我还挺纳闷……"

我手里的水果猝然跌落在地，指尖遭雷劈了一样，焦干冰凉。

苍绮莫名其妙地盯着我："怎么了，我说错什么了吗？他这种泯灭人性的行为我难道还不能指责一下吗？"

我不看她，一边摇头一边往大门口冲，脑海里麻麻的，一片空白，流不过思绪。

隔着玻璃，我看着苏衍被警察带出来，看着他坐下，我拿起话筒，他也拿起话筒，空洞洞的黑穹窿一般的目光锁住我，深深凹陷的眼窝周围红血丝爬满皮肤表层，那样子一看就知道哭了很久。

印象中的苏衍是不具备哭这项功能的。

良久。

"简单……我只想死在你面前。"透过他黝黑瞳眸上的雾，我看见了背后的死寂。

我咧开嘴，淡淡地讥笑着："你想让多少人在我面前死去你才高兴呢？我爸爸，我妈妈，接下来是你，再下来呢？是我吗？"

他慌乱地摇头，面庞憔悴得很彻底："不，我不是这个意思。你该恨我，现在，你该彻彻底底地恨我！你该像我杀你父母那样地杀掉我！"

"苏衍，你听我说，我妈的死和你无关。听明白了吗？我没告诉你她死了是因为我觉得没必要增加你的愧疚，你相信我。"

他又开始歇斯底里："怎么和我没关系？是我堵住了她的嘴，是我把她绑到楼上去的，是我害得她窒息而亡的，是不是！"

"我妈妈的死因不是窒息，那天我爸发癫似地打我，失手把我腿上的一块肉削下来后，我妈彻底崩溃，扑上去

少
年
的
你
是
破
浪
而
去
的
航
船

要和他同归于尽，我爸抬腿就朝她肚子踢了三脚。验尸报告上说我妈的脾脏破裂已经有一段时间了，只不过撕裂并不彻底，内出血是断断续续的，直到你把她绑了起来，绳子勒得太紧，导致内出血更加严重，我后来才想明白，内出血是会产生剧烈疼痛的，她一直忍着，像从前一样的死死忍着，可这种隐忍迟早有一天会到达极限，即使我这个唯一的牵挂也留不住她了。我想她其实隐隐约约知道自己的内脏受损了，她就是不去医院治，你那天只不过加了把力罢了。她在慢性自杀，她没有求生意志了。所以她的死和你无关。"

6

我不停地擦掉眼泪，可却有更多的液体冒出来，苏衍在我哽咽不清的声音里狂躁不安，他也在流泪。

我们凝望彼此，隔着玻璃无声哭泣。沉默成了我们对彼此最好的交代。

从懂事起，我就在爸爸的暴力中充满怨念，这股怨气随着年龄的增长不断恶化，终于有一天我开始盼他死。

我的家一步一步往地狱里挪移，一点一点支离破碎，其实它早就不存在了，它早被爸爸的残暴、妈妈的眼泪、我的恐惧瓦解了。我急不可耐地盼着它的分崩离析，我日日夜夜诅咒该死的去死，该毁灭的毁灭。

现在，愿望达成。我却在悲剧里翻滚，伤痛烧成熔浆把我折磨得体无完肤。

　　苏衍，他一直是这场冗长暴力里的旁观者，本可以继续冷眼旁观，可他最清楚我的性子，知道我永远只会默默忍受，所以他代替我去做了很久以前我就想做的事，直到警察把他带到我家指认犯罪现场，我才知道，爸爸是他杀的。

　　"简单。"苏衍小声说。

　　"嗯。"我低低地应答。

　　"我五岁才从捡来的字典里知道爸爸这个词，程美娟不准我提我就不提。小时候我听话，也当过好学生，可我还是知道自己和别人不同，吃的用的都是程美娟用卖身钱买来的，不管怎么努力，不管有多少奖状，在这个世界上我不是好学生苏衍，我只是个自甘堕落的女人的儿子，就好像他们笃定了我将来也会自甘堕落一样。所以我干脆变成流氓渣滓，整天闹事打架，被学校开除被老师唾弃，我一点儿也不在乎，有你这个好学生当朋友，有苍绮那个校花喜欢着，那时候我觉得生命中也不缺什么了吧。可每次你伤痕累累地跑到我家我就舒服不起来。我没有爸爸，但是我有想象力也会有憧憬，对现实不满就会潜意识里包装父亲这个词，让它变得高大美好。然而，你爸爸却让我很绝望，他永远只会伤害你，那天看到你被打得奄奄一息，看到你腿上的血怎么也止不住似的往外冲，我发狂了。"

"今天在安葬他的时候我想了很久，最终还是没用手碰骨灰，我捧着骨灰坛把他洒在了河里，然后把坛子扔了。我想，对他的那种极端的恐惧是不会随着他的死而消失的，已经深入骨髓渗透到了灵魂的程度吧。"

"那……你妈呢？"

"在这里，"我打开书包伸手进去碰了碰坛子表面厚厚的布，"我不能把妈妈和那个男人葬在一起，这个城就一条河，从城东到城西，距离太短。我得把她葬在很远很远的地方她才不会害怕。"

"还是河？"

"嗯。"

他撇嘴，极为不屑似的，双眸深邃如海，亮澄澄地看着我，大概是觉得我傻。

像他一样傻。

并非所有的胖子都需要一段悲伤的往事

苏含涵

1

2012年，高中最后一个暑假。如火如荼的伦敦奥运会，C城横空出世了一位跳水冠军。坊间盛传某房地产公司给冠军的爸妈送了几套房，当地政府给了多少奖励，连冠军的小学都拉横幅大肆宣传。越传越夸张，家长急着把自己的孩子送去游泳班，各怀目的，有的是真心实意想培养出下一个世界冠军为国争光，有的单纯只是攀比心理。于是那个夏天的各大游泳培训班简直就是噩梦，泳池边永远少不了熊孩子的号啕大哭和家长的责骂、哄骗。

在这群娃娃学员中间，我和范攀就显得特别了一点儿，腰间自带"游泳圈"不说，浮力也出类拔萃，一下水激起千层浪。

没错，我们是来减肥的。

范攀来的时间比我晚，而此时我正忍受着水里越来越拥挤的空间，庞大的身躯再想恢复以前那个畅快的"狗刨"已不再容易，被不知从何处冒出来的小孩子撞到肚子的情况时有发生。更让人想打他们小屁股的是，这熊孩子还会一脸天真地摇着你的手臂，"好险啊姐姐，还好是撞到你，要是撞到墙就没救了。"

范攀穿着泳裤出场的时候，我感到空前的压力。我很想冲他喊："同学，你回去吧。免得因为你国家损失几枚金牌。"然而眼睛骨碌了几下，我还是放弃了。既然同是胖子，理应惺惺相惜，相煎何太急啊。

接下来他的表现却让人大跌眼镜。也许是水池的水溢出太多，范攀提前与游泳池亲密接触，庞大的身躯一头栽进泳池。同是胖子的我躲闪不及，无辜地被他殃及。

没错，我们的第一次碰面就是惊涛骇浪的大场面，堪比好莱坞大制作。

我打了个滑，勉强站立住，吐出几口味道很不好的池水，冲着范攀大喊大叫："知道我长得富贵如杨贵妃，你也用不着这样为之倾倒吧！"

在场的人都幸灾乐祸地笑得惊天动地。身材好得人神共愤的教练也倚在墙上嘎嘎闷笑："同学，谢谢你啊，璐璐是偷懒出了名，来了一个月估计一口水也没喝过，你今天正是圆了大伙的梦。哈哈。"教练无视我杀人般的眼神。

我根本不想理滑头的教练,抹了把脸,转头与范攀攀交情:"同学,你也是来减肥的吗?"

2

范攀很识相,当天主动请我吃饭赔罪。

只是地点窄了点儿。我们两个大块头往临街大排档一坐,喜得老板眉开眼笑,招呼得特别殷勤。我们点完菜后,他明显冷静了许多,又不死心地问了一句:"就这些?要啤酒吗?"

我豪气冲天:"不用。我俩正在减肥!"

露天电视正转播下午的体操比赛。我对着陈一冰帅哥傲人的胸肌流口水,不满地数落范攀:"你才二十岁吧,怎么就提前发福了。你对得起人民吗?"

范攀被呛到:"周大小姐……"

我很清楚他要说什么,急忙忙地打断:"你不能跟我比,我那是小时候生病打激素了,才变成这个样子的嘛。"

范攀显然不相信:"你敢说你赘肉没有一半是贪吃出来的?"

我夹了一根空心菜,慢动作放进嘴里,手半掩着嘴,咀嚼了十几下，优雅地咽下，才慢吞吞地开口："我很矜持很爱护形象，今天你错在先，我吃多点儿是应该的。"

一旁的老板来上菜，听见我的话就多嘴了一句："你们俩是情侣吧？"

我差点儿被喉咙的粗纤维呛死。"不是，你老人家这回看走眼了，我们是姐弟，不是情侣……"

没办法，老妈早就看我的身材不过眼了，盯得超紧，餐餐清汤寡水，今晚点那几个青菜还不够我解馋。两个人又都是大吨位，一上菜就只顾着默默地吃，六个菜都扫光了话还没说几句。

我打着饱嗝，舔着嘴唇，没话找话说："喂，你干吗要减肥啊？"范攀倒是爽快："女朋友要求的啊。"

"你居然有女朋友……我都活了十八年了，都不知道恋爱的感觉是怎么样。"我舌头都被咬到了，眼光还特地在他圆滚滚的肚子停留十秒以上。

"喂，有女朋友也不至于要减肥，你长得多萌啊，有没有人说你很像维尼熊。"

3

夏天最热的时候，老妈开始跟踪我有没有去游泳班。精明如她，已经从我依旧松垮的肥肉中窥见端倪。

还好我胖归胖，心思还是七窍玲珑，好几次成功蒙骗过关。没办法啊，泳池已经被小鬼们占领，而且这群小孩子还真有做专业选手的潜质，来没几天蛙泳自由泳那个顺畅啊。我总不好意思还抱着游泳圈占地吧。

那天晚上吃完饭，范攀背起他那个庞大的背包，说打工时间到了。

我瞪大了眼，结结巴巴地问："你怎么找到工作的，我找了好多他们都不理我，嫌我假期打工时间短。"范攀抖了抖背包，语气有点儿鄙视，"自力更生，找不到暑假工，去路边贴贴膜总可以了吧。"

闻言我狂喜，这不是我想做但又苦于笨手笨脚不敢干的活儿吗？立刻谄媚地凑上前，"要不，咱俩合伙？你看我，活泼可爱能说会道，你是有手艺可是你是闷葫芦啊，你看咱俩性格多互补啊，肯定是最佳合伙人。"

反正我是抱着必胜的决心，天知道高考后漫长的三个月，天天在老妈眼皮底下游泳运动吃素，早就吃不消了。

那天我们就开始了合伙之路。在最繁华的商业街街角，每天晚上我都像只猴子一样活蹦乱跳招呼路人。

"美女，我们这里有DIY手机壳哦，水钻、亮片、油画、肖像，样样拿得出手，贴膜贴得浑然天成。你看他，人是大块头，心细如发有没有，还是央美的准大一学生哦。最重要的是，你看他，长得多萌啊。""走过路过不要错过，体重低于我俩的一律八折噢。"一晚上下来，我总觉得我干的活比范攀累多了。

收工的时候，范攀乐呵呵地数着纸币，一边不忘数落我："周璐同学，以后你可不可以不要再说我'萌'。这种日本动漫专业词用在我这个身高184，体重95公斤的人身上，你真觉得妥当吗？"

我痴迷地看着他手中的纸币，不回答他。心里叹了口气，范攀这个土包子，都不知道如今是萌系当道吗？

4

搭档了将近一个月，我只见到他女朋友芊芊一次，纤纤细细的一个女孩子，肤白胜雪，说话娇声娇气的，一见到我就咯咯掩嘴笑。

"看来阿攀说的是真的，你们真是最佳拍档，体形都好搭呢。"

我盯着范攀手里送她的倩碧套装，皮笑肉不笑地回答她："对呢，整条路找不出几个比我们胖的。还别说，比我们瘦的打八折这策略还相当成功，那条路没有比我们摊生意更好的了。"不然你觉得靠范攀之前那样贴膜，倩碧三件套能轻易就送你？我在心里默默地补上这一句。

老好人范攀听得出我话里有话，忙着打哈哈："周璐真是营销天才呢，刚好她准备考G大的市场营销专业，前途无量啊。对了，今晚我请你们吃海鲜吧。"

芊芊娇滴滴地说："好啊，海鲜热量低，我最怕胖了。"

本来我还想大吼一声点菜。听到这句话就彻底坐不住了，也不理范攀哀求的眼神，随便找了个拙劣的借口溜了。

亚热带的城市，夏夜永远是热气腾腾的。我逛了几圈，吃了几串烤肉，一份臭豆腐，喝了一个鲜椰子汁，比去吃海鲜受那个娇滴滴的女朋友气好多了。我满足地摸摸肚子，准备打道回府的时候，一个噩梦般的声音响起："你倒是胆子越来越大了哈。"

不消说，这么中气十足的声音除了老妈，不会有别人。

我神情复杂地回头，吊着嗓子问："妈，你跟了我多久了。"老妈不置可否地耸肩，"多久没去游泳班了？还有，今晚吃什么了？"我刻意回避了第一个问题："没吃啥，吃了个豆腐。"说完却心虚地舔了舔牙齿。老娘冷哼了一声："豆腐？吃肉了吧！"

知母莫若女，明白一切都露馅了，就想抓住最后一次机会上前撒娇一番，谁知老妈推了我一把："我说周璐，你到底有没有羞耻心啊？"

肯定是因为夜市的灯刺眼，我眼眶很快就红了。

5

　　我跟范攀说："我们回游泳班吧，这世界对胖子太残酷了。以后互相监督共同进步，减肥要有志同道合的好伙伴才能坚持下去。"范攀边收拾边点头："没问题，芊芊说我又胖了。"

　　实在是憋不住，我问了他一句："你们怎么会在一起的？看起来你们好像是两个世界的人。"还有句话我忍住不说，"而且她看起来也不是很喜欢你。"

　　范攀的回答没有让我惊讶，青梅竹马啊，幼儿园就一直同班，范攀还是个瘦子的时候两人就偷偷在一起了。我"哦"了一声，自顾自地将上个顾客剩下的粉色水钻一颗颗地贴在我的指甲上面。胖乎乎的手变得闪闪发亮起来。

　　即将开学，游泳班只有稀稀疏疏几个小孩子在戏水。潮流这种东西，来得汹涌，退得也迅猛。但是我很开心，一头扎进水里，享受流水温柔的抚摸。教练闻声而来，还没开口，我就高声朝他大喊："帅哥，快帮我制定计划，加强强度，我一定要瘦到三位数以下。"

　　水池边的帅教练听到这句话假装打了个滑，演技浮夸还沾沾自喜。"璐璐你就别为难我了，游泳最多只能帮你重塑身体线条，真正要瘦还是只有两个字：少吃。"我双臂撑在水池边，咬牙切齿，"只要能瘦，别说少吃，就是不吃三天我也挨得住。范攀你说是不是？"

范攀没有回应，我这才回头找寻他，只见他一脸凝重地按着手机键盘。在智能机都只卖599的今天，他还固执地用着诺基亚功能机。按理说他每天辛苦工作，挣钱不多但也足够换一台新机了。有时利用休息的空当，我就指着对面商场旁边的电器城，模仿电视购物频道的主持人说："范攀看过来，998！只要998！黄金手机带回家！"每次他都露出维尼熊似的腼腆笑容，也不说话，任由我胡闹。

<h1 style="text-align:center">6</h1>

那天范攀的异样表情却像一颗种子，在我心里生根、抽芽、蔓延。

依旧是他每天四点到六点陪我游泳，六点半到十二点我们一起摆摊。唯一改变的是，我们不再在收摊以后大咧咧地跑去夜市找寻各种让人口水直流的小吃。范攀会带一个蔬菜沙拉便当，有一次我尝了一口之后大呼好吃，第二天他就像魔法师一样把小便当变成了大便当。

只是那么寡淡的蔬菜怎么能满足两个胖子庞大的胃。我没有力气像猴子一样蹦蹦跳跳地招呼路人兼调侃范攀。他眉宇之间的疲倦也无法掩饰，憨厚的笑容都是苦涩的。

好几次我想叫停，暴躁到想推倒面前的摊床，跑到附近的美食街去海吃一顿。但每次我一露出这种豺狼般的眼神，范攀就会轻拍我的肩膀把消化饼干递给我，无奈地说："说到做到，吃这个解解馋吧。"

范攀对我的减肥还是有点儿不解："你又不是特别地胖，干吗非要减肥。"不问还好，一问又激起我的怒气："不胖？胖的标准到底是什么？这年头连八十斤的姑娘都喊着减肥，你说我这种三位数的姑娘要怎么面对这残酷的世界啊。我去买个衣服，拿个黄色，连逢人就吹'姑娘这颜色天生就是为你而生'的老板娘都不敢跟我讲这句话。我家还有个处女座老妈，看我多吃几块肉就恨不得掰开我的嘴巴让我吐出来。"范攀笑得快背过气。

"你们倒是挺和谐的。"是芊芊。范攀立刻敛了笑容，起身拉住芊芊的手肘，"没什么，我们只是在聊减肥。"芊芊躲避开范攀的手，"没事，反正我们都分手了，再说你们多配啊。"

我忍不住插了句："你这个女人到底哪里来的优越感啊，不就是比我瘦了点儿嘛。除了装哆你还会什么？"芊芊脸涨得通红："你，你，你说话怎么那么难听啊。"末了，居然梨花带雨地哭了。

我想继续说下去，范攀喝住了我："够了，你别说了。"说完立刻收拾东西，背包一背，拉着芊芊就走，甩给我两个背影。

7

那天我是哭着回家的，把老妈吓了一大跳。十岁以后我就没这么号哭过。

我吧嗒着眼泪："你老实告诉我，从小到大，无论我性格多好、大家跟我在一起有多开心，一旦看到又漂亮身材又好的女生，我立刻会是被遗忘得一干二净的那个人。就因为我胖跟丑吗？"

老妈为难地思考了起来。一看到她严肃的表情，我号得更大声了，奔回房间躲起来放声大哭，对老妈的敲门声不管不顾。

哭了半个钟头，开始觉得丢人。不就是被生意搭档重色轻友了一下吗，至于吗？我拿起笔，在一张纸上开始写写画画。这是我的一个小习惯，碰到不开心或无法衡量的事情，总会列出一堆东西出来，有时候写着写着，答案就呼之欲出。这会儿，我在纸上写下——

胖子：如果流落荒岛，我可以多活个十天八天；力气大，没男朋友的时候可以扛得动五十斤的大米和煤气罐；卖萌容易；对了，比我瘦的贴手机膜打八折这手段可以用到我八十岁。

瘦子：穿什么都好看，哪怕丑；找男朋友容易，哪怕丑；可以心安理得地扛不动大米和煤气罐，哪怕丑；不用吆喝着比我瘦的顾客打八折还可以收到不便宜的护肤品。

最后一点我恶狠狠地写，用力之大甚至戳破了底下三张纸。

胖子和瘦子的坏处呢。

胖子：不用写了吧，大家轻易想想就能写出三万条吧。

瘦子：以一个胖子的视野来看，做瘦子还有坏处？

答案瞬间就明朗起来。

我打开房门大吼："妈，以后我在家的时候，你不要再让我闻到肉香。我要减肥。"老妈阴森森的声音从厨房那里飘来："真的吗，我还想赎罪，给你做了红烧蹄膀呢。"

顿时我的膝盖就软了。

8

那晚过后，我就没再去那个街角找范攀。我甚至悲哀地发现，我没有他的联系方式，除了他考上G大，一无所知。

游泳班倒是常去，只是我跟教练商量着换早上的班了。教练难得严肃地问我跟范攀怎么了，因为他最近也没有来上课。

我耸耸肩，继续做热身运动，说："我怎么知道，我跟他真不熟。"教练的嘴巴张得大大的:"看你们那个默契还以为恋爱了呢。"

我很不客气地白了他一眼:"拜托,你也不看看我的身材。没有人会喜欢一个胖妞的。"说完一头扎进水里。不知道是瘦了还是开始有技巧了,总觉得最近溅起的水花并不像之前那样汹涌澎湃。而且,在水里我好像听到教练说了一句:会有人欣赏你的好啦。

我浮出水面,教练早就不知所踪。

下定决心,今天要游个三千米。

只要还披着胖子的外衣,我再好,旁人的眼光也会带盲点的。

9

没有料到范攀能找到我家。那天我看到门口的李宁跑鞋诧异了一下,一推门就看到范攀跟老妈在厨房忙活。我吓了一大跳,鞋都来不及脱就冲进去,劈头盖脸就问:"你跟踪我?"

范攀一脸无辜,还来不及开口,老妈急得跳起来解释:"你这孩子怎么这样说话呢,我早就知道你们一起摆摊了。今天刚好遇到他,就请他来吃饭。谁知道小范的厨艺太棒了,活儿都被他抢着干了。"

我瞟了一眼餐桌,努力让自己的表情看起来不为所动，故意问了一句："做了这么多，你不减肥了？"

范攀不好意思地挠了挠头："减啊，可是好像看不到什么成果。"突然他好像想起什么，从放在椅子上的背包里掏出一叠纸币，说："璐璐，这是你的。"

我大惊小怪："为什么啊，我这几天又没有跟你去摆摊，这钱我不能要。"那天凶我的也是你，现在又轻而易举地就让我有了负罪感。见他的手一直不肯收回，我忍不住问了一句为什么。

"我们合伙不是吗？拿分利很正常。"范攀还是一如既往带着腼腆的微笑，"不过啊，你没来，生意冷清了不少。"

我眼神黯淡了下来："所以你是想让我回去是吧？"范攀以为我不生气了，笑了，露出了两排洁白的牙齿，"你要是肯回去那最好了。"

我爽快地接过钱，坐下："吃饭吧，今天停止减肥一天。"

那一顿我吃的并不多，食之无味。

果然我的好，也是有人看得出的。

10

夏天快要结束的时候，我瘦了二十斤。听起来挺可怕，但由于基数比较大，看起来并不夸张，但脸已经瘦成了清秀的模样。没有想象中的开心，心里有说不出的惆怅。

最后一晚去摆摊。我将给范攀准备的礼物藏了又藏。

范攀依旧像只维尼熊，叫人怀疑他说的减肥计划到底有没有真正在执行。

我们之前说的互相监督共同进步，到了最后，游泳班、跑道只有我一个人的身影。甚至，他做的蔬菜沙拉成了我记忆中夏天的味道。

那天晚上，我吞吞吐吐很多次想问他跟芊芊怎么样了，话到嘴边又反反复复地咽下。总觉得时机不对，不对就是不对。

范攀中途接了几个电话，我盯着他那个黯淡的旧手机不放，手里的盒子都出了汗，心里在想着要用怎样的方式把包里的礼物给他。是"喂，这三个月多亏你我才能挖到我人生第一桶金。小小意思，不成敬意，不收我会翻脸哦"，还是"很高兴认识你，礼物一定要收下哦"。

正胡乱地想着，刚想开口，范攀抢先了一步："最后一天，我们早点儿收工吧。芊芊要过来，我们一起去吃消夜吧。"

还在掏东西的动作一时就不知该怎么继续下去了。

11

很快便上了大学，跟范攀的联系愈发地少。我不再刻意去减肥，只是适当饮食和运动，让身体保持健康的状态。

最后的那个晚上，芊芊见到我，嘴巴张得老大，她一直以为减肥我也就说说而已。

我腰杆一直挺得直直的，只挑酱黄瓜吃。芊芊难得用赞赏的语气对范攀说："你应该跟她学学，她这样下去很快就比我瘦了。"

正想礼貌地回一句"哪里哪里"的时候。范攀一句戏谑让整个气氛都冷了下来："璐璐再怎么瘦也还是个女汉子啦。"

黄瓜实在是太酸了，咽了好久，酸水还一直往喉咙上涌。

我承认，范攀找我回去那会儿，心里明白几分他只是需要我，但我知道他们分手之后，心底还是有点儿期待，正如教练所讲的，能看到我外表之外的一点点好。

我喜欢范攀，要问什么时候开始，恐怕连我也不清楚。也许是他每天挥汗如雨地陪我运动，也许是他把蔬菜沙拉递给我那一刻。

包里的手机我再也没有拿出来，隔天拿去手机店里退货了。

上了大学，不算瘦的我参加很多活动，每天一睁眼就元气满满地穿梭在各个教室和社团办公室，精彩依旧。

有人委婉地对我说"你再瘦一点儿会更好看"的时候，我都会摇摇头："不必了，现在挺好的。"

我也明白我并非在跟那句话赌气。那天回家，我并没有像之前那样歇斯底里，很平静地问老妈说："你说，瘦的我跟胖的我，到底有什么区别。"

老妈难得认真说话："以前你活泼但不自信，现在走路都是昂首挺胸。要说哪个才好也不好讲。每个阶段都去经历一下，你不觉得很好吗？"

当时并不大懂，很久之后，在一个暖洋洋的冬日午后顿悟，豁然开朗。

范攀并没有少联系我，我了解他是真的把我当成一个朋友看待，真心而有诚意。小时候看童话，幻想自己窈窕如灰姑娘，会让王子一直追追追。但就如某个环节出了错，醒来发现自己成了一个悲伤的胖子。王子第一眼看到的就是这样的你。在似懂非懂的年纪，被在乎的人的无心之语狠狠地伤害过，这并不算什么悲伤的往事。相反，它是一个难得的契机，让你重新审视自己，最终跟自己握手言和，接纳了那个不完美但可爱的自己。

丘比特啊，请原地满血复活

唐 花

1.仙度瑞拉的眼泪不值钱

"来，把手给我，抓紧。"

"喂，喂，抓太紧了，痛啊！"

"放手啊喂——"

有、没、有、搞、错！

迟蔚泽的荧幕糗状竟然就这样献给了搭档林田田，这让一向以"丢什么都不能丢脸"为原则的迟蔚泽麦色的脸霎时因为尴尬和愤怒变得通红。猪一样的队友，真是猪一样的队友啊！他快气炸了。

担任本次任务现场导演兼摄像师的高同学站在栏杆外一动不动，但瞠目结舌的表情足以反映出这段花絮视频如果出现在网上，将会赚足多少人的眼球。

林田田扑倒迟蔚泽！哇，想想标题都振奋人心！

林田田慌乱地从冰面上爬起来，因为脚下太滑的缘故，她倏地又扑倒在迟蔚泽身上！还不小心扭伤了脚，好疼啊……林田田就这样兀自哭了起来，越哭越凶，身体也随之颤抖。

哎，谁来救救迟蔚泽啊？好像该哭的人是他啊。等等……林田田这是在做什么！难道她不知道这样一直趴在他身上，他会……不好意思吗？！

迟蔚泽开始感到耳根子火辣辣地疼，他赶紧推开林田田，一脸嫌弃地拍拍自己衣服上的泪迹。

"才不到三分钟，点击率竟然过百了？！哇，连微博都有人在不停转发了！"高同学盯着手机，嘴巴成了O字形。

咦？有情况！

迟蔚泽和林田田不约而同地秒速脱掉溜冰鞋，直接朝高同学跑去。

高同学正刷着微博评论，最新评论是年级里出了名的长舌女黄琪：什么啊，她真以为自己是仙度瑞拉啊？！

叮咚一声，有人跟风附和起来：仙度瑞拉的眼泪，难道现在就不珍贵吗……

此时林田田的哭声戛然而止，她泪眼婆娑地看了眼迟蔚泽，没想到来不及找高同学算账的他点点头，嗤笑一声道："你这个仙度瑞拉的眼泪，确实不值钱。"

这明摆着欺负人啊！林田田哭声再起，且更加延绵不绝了！

2.你才是猪，你家就是一猪圈

林田田为什么会成为迟蔚泽的搭档，这已经成为迟蔚泽本年度最后悔之事。

迟蔚泽和林田田所在的表演系接到任务，将灰姑娘仙度瑞拉的故事翻拍成一部微电影。一向以俊美外表和精湛演技赢得导师们青睐的迟蔚泽成了白马王子的最佳人选，最终角色敲定，灰姑娘却迟迟找不到人选。

表演系的美女恒河沙数，可惜往常出镜率颇高的几个美女个个喜欢浓妆艳抹且演惯了搔首弄姿的坏女人角色，要在学生观众面前转型实非易事，正苦恼之时，林田田恰巧从走廊里经过，脚上穿着一双水晶鞋，闪闪发光的鞋子一下子引起了迟蔚泽的注意，这时林田田转过身来，恰有一阵微风吹过，她的百褶裙微微起舞，素颜甜美的模样令迟蔚泽惊喜不已，他暗自揣摩：就向导师推荐她了！

开始排练后迟蔚泽却叫苦连天，真是人不可貌相啊！排练在舞池跳舞的那场戏时，从无跳舞经验的林田田足足踩了迟蔚泽七七四十九下！区区一踩就已经让她在迟蔚泽心中的形象大减，频频NG后，林田田在迟蔚泽心中的印象分直接成了负数！可这完全不能改变她是这部微电影的女主角的事实，因为前面的戏份中她的演出一度受到导师好评，临时换角根本不可能，于是导师大胆提出："既是翻拍，就要有创新！不如我们稍稍改下剧本，把跳舞这段变成溜冰吧！"

仙度瑞拉不去跳舞去溜冰？！这个世界太疯狂了！尽管男女主角都对此无比汗颜，但还是无法阻止想象力超人的导师将剧情由王子送仙度瑞拉水晶鞋直接改成送溜冰鞋的大胆创新！

林田田不会溜冰，虽然感到恐惧，但她还是想把握这次机会，只是费心教了许多遍的迟蔚泽终于失去了耐心，谁能告诉他，林田田除了哭，到底还会做什么！

其实林田田为此也感到十分抱歉，她不会跳舞也不会溜冰，但她真的想练好演好……想了整整一夜，第二天排练时，她抱歉地看着迟蔚泽用纱布裹住的右脚："对不起，这场戏那么重要，我却总是学不会，还连累你受伤，我想过了，既然没有能力，就不该占着这个角色不放，我已经向导师提交了申请，决定退出这部戏。"

听到这儿，迟蔚泽的心里咯噔一下。他没想到林田田会自责到做出这么大的决定，眼里明明写着舍不得退出，却还死撑。可是，这好像轮不到他关心吧？

"那……就好聚好散吧。"

这个词，听着怎么那么别扭？又不是分手。林田田眉尖微蹙，可见总是对她大呼小叫的迟蔚泽突然伸出手来以示友好，她还是礼貌地握了过去。

"呀，你不也受伤了吗？"迟蔚泽低下头的那一瞬才发现林田田的左脚上裹着厚厚几层纱布。

林田田摆摆手："没事没事，很快就会好的。"转身想离开，怎料撞上匆匆赶来的高同学，噗一声又将其扑倒在地！

"哎，猪啊你！"迟蔚泽跑过去拉起林田田，看见面红耳赤的高同学，霎时感到酸不拉叽的，真是的，这大个子紧张什么啊！

林田田倒是没注意那么多，刚刚倒下的一瞬间，她可是听见迟蔚泽在骂她的！厌恶地甩开他的手，她噘起嘴反击："你才是猪，你家就是一猪圈！"

3.最美的仙度瑞拉，满血复活

"你们俩别吵了，林田田，我找你是有正事呢！"高同学笨拙地从地上爬起来，掏出手机递给林田田，脸上旋即露出喜悦的表情。

林田田看得一愣一愣的，接过手机，看见屏幕上显示着一个名为"选出你心目中最美的仙度瑞拉"的投票活动，各系系花的照片赫然显现在上面，而她惊讶地发现，第一名……居然是自己！

一头雾水的她指着手机问高同学："这是怎么回事？"

高同学嘻嘻地笑着："你不知道，昨天看见我发到网上的花絮视频后，黄琪和迟蔚泽的一些铁杆粉丝都不服气，她们自发搞了个投票活动，本想挫挫你的锐气，没想到结果出乎人意！哈哈，林田田，很多人看了你前面的感情戏，都大为赞叹呢！"

迟蔚泽也把脑袋凑了过来，看到投票结果，嘴角忽然扬起一抹稍纵即逝的笑容。

"看来大家都觉得你比较适合这个角色呢。"迟蔚泽看着林田田，呵呵干笑了两声，却被她白了一眼："我怎么嗅到一股不怀好意的味道？"

一场舌战看似又要开始，高同学忙打岔："啊，导师来了！"手指胡乱指向身后。

两人寻声望去，蓦地，异口同声地喊了句："导师好！"

高同学不可思议地转身，不是吧，见鬼了……

年过半百却似老顽童的导师嘿嘿地笑着走来，拍拍林田田的肩道："田田啊，你不能退出啊，学生们对你的呼声太高了，网上的投票活动我都看到了，你还是留下来吧！"

无意中，导师看到迟蔚泽和林田田脚上的伤，"呀"了一声说："都受伤了啊？看来这场溜冰的戏得压到最后

只
是
时
间
被
搁
浅

拍了，先拍结局那场试鞋的戏，你们俩还OK吗？"

真是盛情难却啊……林田田咬咬嘴唇犹豫着，迟蔚泽却自信地点点头："我当然没问题！"

这小子……输人不输阵，豁出去了！林田田瞥了瞥迟蔚泽，"Me，too！"最美的仙度瑞拉，满血复活！

4.我做鬼也不会放过你的

剧本中最重要的水晶鞋被改成溜冰鞋的这一大变动，直接导致了就连已有不少校园拍摄经验的迟蔚泽都频频笑场，托举着拍摄器的高同学终于不耐烦了："迟蔚泽同学，麻烦你尊重一下我这个体力劳动者好吗？"

坐在椅子上的林田田一见高同学边说边擦汗的滑稽模样，噗地被逗乐了，和迟蔚泽一起笑得不亦乐乎。

高同学一声响亮的"Action"刚喊出，两人又立马投入了状态。迟蔚泽轻轻抬起林田田细长的脚丫，深情地望了她一眼，然后低头，慢慢为她穿上一双精致的溜冰鞋。

此时此刻，迟蔚泽变得无比温柔，他抬眼，深邃的眸子望着林田田，她不得不承认，那一瞬间，她的脸似火在烧，整个人好像丢了魂。

"啊，没错了！"迟蔚泽惊喜地叫起来。

他单脚跪地，牵起林田田的手，微微低头，亲吻了一下。

当然，是假装亲吻。

他继而说道："这一次，我再也不会放你走了。"

请原谅在这么关键的时刻，林田田出戏了！她忘了她是仙度瑞拉，忘了迟蔚泽是王子，因为当听见这突如其来的表白时，林田田的心，狠狠颤了颤。

这种感觉持续了多久呢？没有人知道，但唯独她自己最清楚，当高同学喊出那声"咔"之后，迟蔚泽在她面前露出了爽朗的笑容，而这笑容，又一次击中了她的心脏，只是这一回，是微微疼痛的感觉，因为她又回到了现实里面。

"我做鬼也不会放过你的。"迟蔚泽兀自补了句对白，用戏谑的口气说完后这家伙开始捧腹大笑。

"怎么样？我的演技OK吧？"迟蔚泽自信满满地冲林田田挑了挑眉毛。

"啊，"林田田晃过神来，"不错，不错……"怯怯地撑出两声笑声之后怕被识破，又补上一句，"不过比起我，还是差了那么一点儿。"

迟蔚泽却不以为然："今天心情好，请你去喝一杯吧。"话音未落已经转过身去，快步走向高同学。

呼，迟蔚泽松了口气，真是见鬼了，刚刚怎么心跳那么快？

只是时间被搁浅

5.多么希望时光是一只带有黑板擦的粉笔

海风微微地吹，一轮明月高高挂起，夜空里零星散落着晨星。迟蔚泽已是这家海边露天咖啡厅的老顾客了。

"好美啊。"林田田抬头看着满天星光，露出了甜美的笑容。

迟蔚泽看着面前的她，仿佛回到了他第一次见到她的时候。

"好好喝啊。"林田田抱着一杯特调卡布奇诺，连连赞叹。

迟蔚泽哭笑不得，故意逗她："敢问村姑是几时来到城里的？"话刚说完他立刻就后悔了，林田田居然玩起了明枪暗箭，在桌子底下偷偷踩了他一脚！

"啊——"毫无预兆的叫声传来，迟蔚泽看见林田田正抱着自己的脚，表情突然变得极其痛苦。

他慌慌张张地跑过去，紧张兮兮地问："怎么了？是不是那一脚用力过度啊？"

可林田田已经疼得无力回答他，他分明看见她的眼里早已噙满了泪水。

顾不上那么多了！迟蔚泽蹲下去，把林田田的左脚平放在自己的腿上，然后轻轻地帮她脱掉鞋子，脱去袜子，想看看是不是受伤了。

这一看，却叫他顿然语塞。她的脚长得似乎……有点儿奇怪。

也许是迟蔚泽眼里的惊愕让她的自卑感汹涌而至，她强忍着泪，迅速穿上袜子，别过脸去，任由疼痛继续也只咬紧牙关，不再喊叫。

"怎么会这样？"迟蔚泽从未想过，模样甜美可人，身材姣好的林田田，她的左脚竟然是这样子的。

林田田没有回答他。

迟蔚泽不再追问，他把自己的椅子搬到林田田身旁，坐下，安安静静地看着她。

过了一会儿，林田田的背开始一下一下地颤抖着，微微的抽泣声传来，迟蔚泽莫名有些心疼。他轻轻拍了拍林田田的背，语气蓦然温柔不已："别哭了，我在这儿呢。"

林田田不知道这句话是什么意思。因为你在，所以我不能吵到你？还是因为你在乎我，所以我没有理由哭？但林田田还是渐渐止住了哭声，慢慢转过头来，看着他，神情是那么令人怜悯。

"我小时候就得了这种病，永久性肌肉拉伤引发的踝关节错位外加三级病理性跟腱撕裂。"

"治不好了吗？"

林田田点点头："这辈子都不会好了。"

顷刻间，迟蔚泽只感觉胸前有股热浪在沸腾着，他很想要知道，在她的过去，究竟发生了些什么。

"他说过会回来找我的，他真的说过，但自从他走了之后，就再也没来过。"她像是在自言自语。

"谁？"

"我爸爸。"林田田望着安静的夜幕，脸上是云淡风轻的表情，"我七岁那年，他的公司休假，便从国外回来看我和妈妈，但是身边多了一个蓝眼睛的外国阿姨，他们一起跟妈妈在家里吵架，爸爸说，他还会回来看我的，一定会，还和妈妈一再保证，他绝不会丢下我不管，可后来，蓝眼睛阿姨拉着爸爸的袖子走下楼梯，走出门口，就再也没有回来，当时我哭着追了下去，却不小心摔了个跟跄，从楼梯上一直滚下来，最后，我的左脚就变成了今天这个样子。"

世界恍然之间安静了。

过了半晌，迟蔚泽才开口打破这份沉寂："对不起，我这个人不善于表达，也不知道该怎么安慰你。"

林田田望着他，释然一笑："没关系，不善表达，总好过滔滔不绝的谎话。"

迟蔚泽从这言语中听出了一种死灰般的绝望，他不知道这些年她究竟承受了多少苦难，才有如今这番念想，他多么希望时光是一只带有黑板擦的粉笔，他想把她过往的无尽心酸都擦得一干二净，然后把他的名字，写在她的心上。

这天晚上，发生了比"林田田扑倒迟蔚泽"更有爆炸性的新闻，可惜高同学不在，噢不，应该是庆幸才对，否则学校又将沸腾了。

没有人能够忍受听见"迟蔚泽深更半夜背林田田回家"这个消息而不立即喷血，但当时的画面确实让人浮想联翩。

尽管林田田一再谢绝迟蔚泽的好意，他还是坚持不能让她独自打车回去，看着迟蔚泽背对着她半蹲下来的姿态，林田田是发自内心地笑了。她还是第一次看见他有如此滑稽的一面呢，但也是第一次，她觉得他那么体贴。

迟蔚泽背着轻盈的林田田走在香樟小路上，彼时两个人的心里，满是温馨。

6.我请她去麦当劳喝咖啡，一直续杯到很晚

溜冰场的戏再次开拍时，高同学一直抱着打破砂锅问到底的精神对林田田穷追不舍："究竟他请你喝什么需要喝那么久？为什么我在QQ里传视频给你看可你迟迟没有接收？"

林田田被问得尴尬，又实在不好意思回答，索性一直沉默着，迟蔚泽只好替她解围："我请她去麦当劳喝咖啡，一直续杯到很晚，你连这个都要知道吗？"

当四肢发达却心思细腻的高同学看到迟蔚泽说完这句

话后和林田田一起趴在栏杆上笑得忘乎所以时，他发誓这两个人要是没有"私情"他就去死！可为什么当涌出这个义愤填膺的想法之后，这个心灵受到创伤的大个子，他好想哭啊！

虽然这场戏的男女主角脚伤均已恢复，但林田田始终无法抵抗内心深处的恐惧，一直学不会溜冰，导师也没办法，只好借来一只大滑轮当道具，让他们两个站在上面，由高同学利用角度拍摄，营造出两个人真的在溜冰的画面感。

站在滑轮上，底下由溜冰场的工作人员帮忙推动着，林田田和迟蔚泽前面的戏份一直演得非常好，表情动作也十分到位。

"咔！"高同学一声令下，大家纷纷停了下来。

"迟蔚泽，你为什么一直不吻林田田？"高同学一脸的不爽。

迟蔚泽和林田田两个人互相对望，同样满头雾水："在这场戏里，王子有亲吻仙度瑞拉吗？"将信将疑的语气，抱歉童话故事他们早已记不那么具体了。

高同学拿起一旁的剧本在半空中晃了晃："你以为我想啊，导师改的剧本里就是这么写的！"嘴里轻声呢喃，"该死的迟蔚泽，这次真便宜了你。"他想了想，又觉得不甘心，于是走到场中间，让迟蔚泽从滑轮上下来，由他这个摄影师来示范如何借位拍吻戏。

"走开一点儿，别影响我发挥。"高同学摆摆手，瞟了眼迟蔚泽。

迟蔚泽嗤笑一声，退了几步。

高同学一手搭在林田田的肩上，一手抱着她的腰，接着慢慢地低下头去，满目深情。当然，这是他自己脑子里浮现出的词汇。

他的脸开始靠近林田田，靠近，再靠近，就这样看着林田田几秒之后，他悄声告诉她："林田田，我发现我喜欢上了你。"

林田田尚未来得及反应，高同学的大脸又往前凑了凑，这让她感到危机重重，甚至喘不过气来。不经意间，她从余光里看见高同学身后的迟蔚泽，慢着——他的脸上为什么写满欠揍的表情？

"够了！"迟蔚泽突然拉开图谋不轨得十分明显的高同学，"我懂了，各就各位。"

7.丘比特啊，请原地满血复活

"Action！"

大滑轮慢慢滑动起来，迟蔚泽看着林田田，此刻的她脸颊绯红，眼眸灵气逼人，他情不自禁地赞叹："仙度瑞拉，You are so beautiful."

然后，他吻了她。

"孺子可教也……咔！杀青了！"高同学满意地将视线从镜头里挪开，对他们摆了个"OK"的手势，然后按下摄影机的按键，开始回放方才的画面。

一遍，两遍，三遍过后，他坚定确定以及十分肯定，迟蔚泽吻了林田田，是！真！的！怎么可以！迟蔚泽这个小子……啊？人呢？！

不料迟蔚泽早已拉着林田田的手跑开了，他们早就约定好，等这场戏一杀青，他们就去海边吃烧烤庆功！

在这场庆功会里，凡是有出演这部戏的人都来参加了，连导师也气喘吁吁地尾随而至，平常拍的时候这个老顽童总是以忙为借口缺席，唯独庆功这样的好事爱搭一脚！至于高同学嘛，导师已经派人去通知他来参加了！可是赶到时还有没有东西吃，这个没人敢保证！

"你刚刚……什么意思啊？"并肩坐在沙滩上，林田田瞪了迟蔚泽一眼，"干吗假戏真做占我便宜？！"

迟蔚泽委屈不已："我是为艺术而献身！"

林田田不服："你耍流氓！"

迟蔚泽看着她生气的样子，电光石火之间，想起了他们第一次在溜冰场的时候，他让她拉着自己的手，可是笨笨的她抓得太紧，害得两个人一起摔了个狗吃屎！

他叹了口气，自己是什么时候喜欢上这个笨脑袋瓜的呢？也许就是从那时候开始吧！说来，这个秘密他也藏了好久了呢。

"喂！迟蔚泽，我在跟你说话你听见没有？！"林田田撞了撞他的胳膊。

迟蔚泽转过脸去看她，云淡风轻的表情与面前纳闷赌气中的可爱脸孔形成鲜明的对比："放心吧，我会负责的。"

林田田顿时恼羞成怒，抢起拳头扫了过去！然后就这样眼睁睁地看着迟蔚泽脸上的笑容渐渐消失，最后整个人晕倒在沙滩上。

林田田忽而意识到自己下手太重，连忙十指交叉作祷告状，闭上双眼，朝着大海呼喊："东海龙王啊，救救他吧！"

睁开一只眼，见迟蔚泽依然一动不动，她又重新调整好姿态，虔诚地祷告："丘比特啊，请原地满血复活！"

换了个神仙，果然奏效！

迟蔚泽苏醒过来后，第一时间做的事却是揪起林田田的衣领夺命而去——哎呀妈，高同学来了！丘比特隐身，天下有情人们，还不快开溜！

只是时间被搁浅

晶小晶

先说说我们班吧。整个年级一共有八个班，我们班是八班。据说，这八个班是按照等级排列的，那可想而知，我们班是得有多恶劣，小混混和坏学生是得有多么多。

班主任米姑娘虽然刚大学毕业不久，但腰板总是挺得倍儿直，一年四季穿高跟鞋，走路"哒哒哒"的，一听声音就是个厉害角色。

初次见面那天，她给了我们一个赤裸裸、响亮亮的下马威。

开学那天，大扫除之后，她把全班关进大教室，当着六十个同学的面儿，劈头盖脸地把何阳同学骂了一顿，只是因为河阳跑到别的班和他之前认识的同学打闹，然后很倒霉地弄坏了班里的水桶和一把拖布。

那一刻，班里安静极了。我很没劲、又很没创意地在心里胡思乱想：这时候落到地上一根针也能听见声音……

1

哎，之所以先说了这么多，我就是想说，我生活的班级是一个多么奇葩又多么高压的地方。而我的同桌阿哲，是这些小混混的头儿。

其实阿哲挺帅的，皮肤很白，眼睛是细长的琥珀色，一身街舞服让他穿得有型有款。如果他不说话，好好地站着，也是一个挺拔阳光的少年。不过他大多数时候，都像得了重症软骨病，整天趴在课桌上玩手机或者睡觉。

不过，最最让我难以置信的是，这个小混混心目中的大哥，笑起来的时候竟然有点儿腼腆，薄薄的嘴唇是用力抿着的，眼睛也不知往哪儿放。

我想，可能是他某一次的笑容一下撞进了我的心里，反正不久之后，我就喜欢上了阿哲。

我虽然不是不良少女，但学习成绩不好，在这样的班级里也还是倒数十名里的。所以，整天的漫漫长课对我和阿哲来说，都是无比的折磨。

很快阿哲找到了一件好玩儿的事儿——逗前桌的乖乖女田小晴。小晴个子小小的，脸蛋圆圆的，是我们班的奇葩：安静乖巧，并且极其爱学习。别看她长得像樱桃小丸子，但性格可不像小丸子那么"鬼"，动不动就脸红，还特认真。

我和阿哲就在上课无聊的时候，轮流用笔捅田小晴的后背，看她回过头做出各种无奈、愤怒、讨厌的表情，我们觉得好玩儿极了。有时候，把田小晴惹得急了，她举起手就要告诉老师，阿哲就立刻软趴趴地哀求她行行好，然后善良的田小晴就深深地叹了口气，警告我们说，下不为例。

每当这时，阿哲和我都会对视一眼，吃吃吃地笑，憋得脸都红了。而每当这时——我们一起做了坏事，然后又侥幸逃过的时候，我都会看见阿哲弯起的眼睛里缠绵的笑意。我总觉得，那双琥珀色的眼睛里情意绵绵，而我的心也会随之一动。

我想，阿哲也是喜欢我的吧。我一直这样觉得。不是说女孩子的第六感很准的嘛。

我把这个想法告诉了死党夏芳，长得跟模特似的夏芳女神很鄙视地看了我一眼说："他跟你告白过了吗？"我摇了摇头。"他亲过你了？"我急得要打她。"那他牵过你的手？"嗯……我犹豫了一下，告诉夏芳，有一次阿哲和我闹着玩儿，是使劲儿地抓住了我的手，不过我也不知道那算不算是牵手……

夏芳谨慎地白了我一眼，说："阿哲……真适合你？"

那时候，我的智商已经降低为零，自然没有听取女神的意见，后来的事实证明，在爱情方面，女神还是很有发言权的。

2

那段时间，我的心里眼里都是阿哲微笑的眼睛和紧紧抿着嘴唇的腼腆笑容，而阿哲再也没说过我是假小子，反倒是偶尔赞我性格爽快、开朗热情。我们在一起很开心，打打闹闹着，一天很快就过去了。大概是我和阿哲相处得太过火热，班上一些小混混常常开我和阿哲的玩笑。

我相信，不管是在我自己心中还是在别人眼里，我们都已经是一对儿了，甚至田小晴回过头来凶我们的时候，圆圆的脸上也挂着心知肚明的暧昧笑意。

夏芳再问起，阿哲有没有表白的时候，我总会大大咧咧地说："那还不是早晚的事儿，再说表白不表白有什么关系啦！"

有一次，夏芳终于忍不住吼我："你眼里就有阿哲，不就是上课的时候跟你说说笑笑么，你会不会看看他别的时候什么样儿啊？！"

于是，我就很仔细很仔细地看了。观察了几天，我发现……

下课铃一响就治愈了软骨病的阿哲更加好看了，特别是打篮球和跳街舞的时候，阳光下他的身影都闪闪发光。

只是时间被搁浅

我把这些说给夏芳的时候，她漂亮的眉毛都纠结到一起了："傻啊你！你看看他放学之后和谁一起走的？！"

我的心里一动，有种不好的预感，相识那么久，夏芳从来没这么严肃认真地吼过我。也许事情真的有点儿严重。

那真的是一个很纠结的晚自习，不知不觉我整整喝掉了两瓶七喜。看着塑料瓶里升腾又破裂的透明气泡，就像我的心情，明明灭灭。某一刻，我迫不及待地希望立刻就下课，我马上就要知道阿哲放学后干了什么？转眼之间，我又希望晚自习能长一点儿，再长一点儿，那样我就不必知道所谓的真相……

就那样煎熬着，放学的铃声刺耳地响了起来。阿哲从课桌上爬了起来，收了收嘴角的口水，眯着眼睛定了会儿神，然后用胳膊肘捅了我一下说："哎？今天挺消停啊……明儿见。"说着拎起干瘪的书包，走了。

我飞快地收拾好书包，随着放学的人群，跟在阿哲四五米远的后面。

夜色微明，从课堂里出来的阿哲生龙活虎地跟各种人打着招呼，然后告别。我听见有人邀他一起走，他说，他还要等一会儿，然后人群里就传来"嘘——"的调笑。我的心里很不爽，觉得所有人都知道了某个关于"嘘——"的秘密，而只有我不知道。

后来人群渐渐散去，阿哲很安静地等在侧门旁，没有急躁地踱来踱去，也没有拿出手机玩游戏。如果不是那天的月亮很大，他的影子清晰地投射在地上，我几乎以为阿哲已经离开了。

我从未见过这么安静、这么执着的阿哲。在我意识到这一点的时候，几乎同时打了个冷战。

大概十分钟后，一个女孩儿从教学楼里走了出来。阿哲从阴影里跑了出来，迎上女孩儿，他们并肩离开了。

我心里一阵难过，揪着一样地疼。我说过了，那天的月亮很大，足以照亮他们之间的一切，所以我也看得清，他们只是并肩离开，并没有牵手。

"也许只是顺路呢。"我这样安慰自己，但脚步却是不由自主地、静悄悄地跟在他们的后面。

雪亮的月光下，我看到了一个我几乎从未见过的阿哲，完全不是和我疯闹时的随意，他的脚步和身影是那样小心翼翼，生怕惊扰了身旁的女生。不知道他说了什么，那女孩儿侧过脸笑了一下，这张干净漂亮的脸蛋我很熟悉，是我们班的班花冯丽丽。

怎么可能？！阿哲不止一次地说过，他可真没看出来冯丽丽哪儿好看，还那么能装。再说冯丽丽有男友的啊，听说在重点高中呢！

阿哲又接着说了什么，冯丽丽这一次笑得花枝乱颤，咳了起来。阿哲很慌张，手忙脚乱地帮她拍后背。看到这一幕，我几乎气得背过气去，心里冷笑，冯丽丽这个狐狸

只是时间被搁浅

精可真会装可怜迷惑人啊！

同学都管她叫冰美人，因为她常年吃中药，身上总有一股药味儿不说，手也总是冰冷的，大家就给她了这个绰号。

装柔弱果然是只有冰美人才有的利器啊！我再也看不下去了，气哼哼地掉头走开。

3

我原没有想到事情会发展到那个地步，现在我恨死了自己一根肠子到底的性格！

因为看到了那么悲催的一幕，我一整夜几乎都纠结在阿哲到底喜不喜欢我这件事上，几乎没有睡觉，所以第二天很早就去上学了。

好巧不巧地，我在路上遇到了冯丽丽。她一个人走在我前面，慢慢悠悠的，忽然，停下来咳嗽了两声，竟然还捂着胸口。看得我当时火冒三丈，昨晚的一幕幕又都浮现在眼前，我的心立刻就沸腾起来了。

经历了这件事之后，我才知道，失去理智的时候，人会多么疯狂。有一段时间，五秒钟，十秒钟，也可能是一分钟，我的大脑一片空白，当意识恢复的时候，我才发觉自己正揪着冯丽丽的头发对着她拳打脚踢。

我从来不是个斯文的女孩，但我也从来没有恶劣到这种程度。所以，当我发觉自己正在做什么的时候，我也狠狠地吓了一跳。就在那个失神的瞬间，周围的同学将我们火速地拉开，我听见他们在议论我：干吗啊？有病啊！他们都看见了，我对正在好好走路的冯丽丽的突然袭击，更何况大家总是会偏袒漂亮又柔弱的那一个。

有人说，要不要告诉老师啊？或者报警吧。

不用。冯丽丽冷冰冰的声音很对得起她冰美人的身份。

我挂着彩回到教室，同学们对我行了一圈注目礼。好事不出门恶事行千里，他们肯定都知道了。我梗着脖子，装作不在乎的样子，大大咧咧地坐到座位上。

阿哲在。但用衣服蒙着头，在睡觉。我敢说，他是装的！

阿哲就那么假装睡了一天。我们谁也没和谁说话。我们这一片儿上课时的重灾区，那天安静极了。我又想起了那句话：这时候落到地上一根针也能听见声音……

前桌的田小晴回过头来，有些担忧地看着我，我肿着嘴角勉强笑了笑，说，好好学习。

那一天我都在想，这件事儿虽然我做得过分，但毕竟是由阿哲而起，他会怎么收场，怎么对两个女生解释？并且我更担忧的是，万一冯丽丽把我打她的事告诉给了班主任，我肯定惨了，她的那个下马威时虎虎生风的呵斥声我还清晰地记得。

我在忐忑不安中度过了漫长的一天，结果却不是我猜想到的任何一种。

我没想到的是，第二天阿哲就像个没事儿人一样，对我有说有笑，就好像从来没有发生过任何事情一样。

我还没想到的是，冯丽丽在第二天中午找到了我，对我说，这件事算了，她不会告诉老师也不会找人来报复我。她还说："管好你喜欢的人，别让他没事儿闲的放学总送我，我烦着呢！"她的语气很冷，甚至还有不屑。

我更没想到的是，夏芳数落了我一顿之后，告诉我："傻妞，你睁开眼仔细看看吧，阿哲对很多女生都很暧昧呢，就你傻，以为他喜欢你！就连你前桌的田小晴都不肯上钩，阿哲每天早上还给她带早餐呢！"

4

当我再看到阿哲琥珀色的眼睛里满满的温柔的时候，我打了几个激灵。我好想问问他到底有没有喜欢我。

其实，根本不用问吧，若是他喜欢我，怎么可能当作那件事没有发生一样？如果他喜欢冯丽丽，他又怎么可能饶得了我？

说到底，他只是个没有担当的少年，也或许如夏芳所说，他谁都不喜欢，他只是喜欢到处留情而已。而只有我这一个傻瓜，以为他是真的。

我主动要求调了座位，但偶尔还是会在人群中捕捉到那抹琥珀色的目光，温暖的、情意绵绵的，但却不是对我，而是对着某个我认识的、不认识的女同学。

　　这样的时候，我的心就会很痛。

　　直到现在也是。

长　发

三倾荟

　　十几岁的年纪，身子还未完全拔节，五官还没完全长
开，一切都蒙在一层看不透的水汽里。就像是一颗青涩的
果，整个世界缠绕成茧覆在周围，柔软至极。当时的我，
最渴望拥有的东西便是一头长发，就是郭敬明在《小时
代》里面说的南湘那"如同招魂幡般的"长发。

　　当然，我没指望像南湘一样靠一袭长发惊艳绝伦，
我只是想让长发穿过那狭小静谧的茧，看看外面的风光几
何。有这样的想法完全要归功于初中班主任无数次强调过
的"女生不要披着长发，不要染发"。这话让我对长发女
生产生了没有来由的羡慕。

　　当时的我就读于一所全封闭式中学，校服是白底黑边
松松垮垮的运动服款式，但这样土到掉渣的校服，穿在一
些长发披肩的女生身上，偏带着几分"出淤泥而不染，濯

清涟而不妖"的脱俗意味，似有香气漂浮在她们被风带起的发梢上，散在空气中，美到不可方物。

而当我向闺密H说起这些时，同样长发飘飘的她不以为然："你觉得她们美，长发不是重点，重点是这些姑娘本就面容姣好，身材清瘦。你看你觉得我美吗？"

我耸耸肩，或许众人都不能够清楚看见自己的美。H不知道的是，有时上课盯着她的侧脸，光线衬得她脸上的绒毛柔软，她有时伸手将几绺掉落的头发绕到耳后，马尾随着她抬头低头的动作一上一下的，实在是很难不让人觉得这世界静好，时光温柔。

我想，自己的美，只要没被时日覆盖，自己终会察觉的吧。也只有自己察觉，那样的美才更有意义。所以我从未告诉过她"其实你很美"。

而我迟迟不留长发的原因除去头发半长时只要一睡醒就会从内往外翘，抵着脖子那细细麻麻的触感让人不舒服外，更有对短发的喜欢。有时低头看自己在阳光下的影子，那毛茸茸的边缘，间或有几撮调皮地翘起来，看着就让人忍不住发笑。顶着这样一头短发，才能在被闺密嘲笑"简直就是鸟窝"然后毫不留情地把它揉成一团后又讪笑着抚平让它们妥帖地搭着头皮显出本来面目，大笑着说："哈哈哈，看我这头发多厉害，简直是兵来将挡水来土掩，无论你们如何揉搓绝不变发型。"

记得初一刚分班没多久，有一天早上后桌一个缺了颗

只是时间被搁浅

门牙的男生口齿不清地问我："你那头花（发）是烫过了吗？！"

"啥头花？我哪来的头花？"

"头话（发）！"

"什么？！"

这时同桌悠悠插嘴："他说的是你的头发。"我恍然大悟，趴在桌上笑个不停，然后捂着肚子告诉后桌："烫个鬼啊，我不就是早上起床太急了没梳头吗！"后桌也忍不住笑出了声。我一听后桌那漏着风的笑声就更忍不住边捶同桌大腿边狂笑。

如今回想起那些顶着头鸟窝全无造型可言的短发甚至经常偷懒不梳头的笑到没了眼睛的岁月，都会觉得诧异，原来我曾那样不计形象地快乐过。

不论如何回望那段岁月，都只能看见一个小小的姑娘顶着头乱糟糟的短发这样模糊的轮廓，所幸还有笑声从回忆里不断透出来，清脆嘹亮。或许快乐不因短发而生，但只有那段短发岁月，那般无忧。

"哎，当初是为什么就突然决定把头发留长了呢？"H把玩着我已过肩的头发突然问道。

十六岁的我长发已经过肩，曾经的短发岁月只在眨眼间倏忽闪过，似乎一别多年。

当时我正在翻看着刚到手的《萌芽》，看到二熊这期的专栏《水晶》。二熊的文字有一种直击人心的力量，让人突然想要认真对待自己，以及生活。所以听到H的问题，我抬起头眯眼望着窗外一片葱绿，过了许久说了个风马牛不相及却格外认真的答案："因为即便怀念当初那样顶着短发的快乐时光，看到今日这般情形，却也不觉丝毫可惜。短发会变长，而我终究也是长大了啊。"

H愣了会儿，然后笑了一下："是呢，我们终究都是长大了。"

是长大了，所以知道有些事情避而不谈就不该追问，所以有些答案就算呼之欲出也不会主动告知，所以起床之后总会认真梳理长发不让自己看起来太过不修边幅，所以不再因为一些小事儿就笑得没了眼睛。

长大了，总算是从柔软狭小的世界之茧中挣脱出去，方知外面的世界虽有晴天但风雨更多，即便想再躲回那个安稳的茧中却已无归路。

长大后的我还是有些事会选择不告知H，这一次，我没告诉她的是，让我下定决心蓄起长发的是一个曾经说过"喜欢长发姑娘的一笑就能够让我的心柔软一片"的男生。

长发已经蓄起，过往时光和那个少年都已经不知所踪。所幸，这一次，有长发伴我一起长大。

三月的阳光不及你温暖

黑　猫

墨冷霜

我觉得面前的这只黑猫很诡异。

我刚到这条巷子口，这只猫就跟着我。我走，它也走，我停，它就来蹭我的鞋。我蹲下来看着它，它也坐下来看着我。它暗绿色的眼睛，我总觉得是一个漩涡，像是要把我卷进去。这种感觉很不好受，好像我心里在想什么它都知道。

我叹了一口气，站起身向家里走去。那只猫还是不紧不慢地跟着我。再走几步就到家了，我转过身，对那只猫说："我到家了，不要再跟着我了，我不养猫的。"那只猫看着我，歪了歪头。不知为什么，我突然就心软了，走过去抱起它，它也不闹，任由我抱着。

我拿出钥匙打开门，喊了一声："我回来了。"妈妈从厨房里探出头来："那就去洗手……咦，你怎么抱了一只猫？你不是不喜欢猫吗？"我换下鞋子，把猫往她手里一塞："路上捡的。帮它洗洗，再给它杯牛奶，我先回房了，今天作业很多。"说完便回到房间关上了门。

半个小时后，爸爸回来了，妈妈喊我去吃饭。爸爸看了一眼在餐桌旁喝牛奶的黑猫，诧异地问："哪儿来的猫？"妈妈正在盛饭，应了一句："丫头捡的，还挺乖的。"爸爸很不高兴："都初三了，就别养这些有的没的，学习是最重要的。"我扒了几口饭，说："我知道，我吃饱了，先去洗澡。"我放下碗筷向浴室走去，听见妈妈数落爸爸："丫头这么大了就别管太多，她有分寸的。""我也是担心她的学习，现在这个阶段这么关键……"

我洗完澡擦着头发走进房间，发现黑猫蹲在我的作业本旁边。我把它轻轻抱下书桌，对它说："我要写作业了，乖乖别捣乱。"写了一会儿后，又说："你叫小夜好不好？你全身都黑黑的，跟夜晚似的，就这样决定了哦。"说完继续写作业。

时针悄悄指向11点，在我打了第N+1个哈欠后，我的一道数学题还是没解出来。我揪着头发大喊："啊啊啊！这破题谁出的啊？变态啊！"小夜被我吵醒，跳上书桌，刚好压到我的一本工具书，我赶忙把它抱走，却发现了一道跟那道难题类型相同的例题。"有救了！"我欢呼一声，便埋头做题。

第二天老师表扬了我，我在心里说："小夜真是我的福星。"接下来几天都是这种情况，每当我解题陷入绝境时，总会在小夜不小心坐到或踩到的试卷和工具书上找到答案和例题。

四个星期后，一天放学，二班的慕辰在我回家的路上拦住我，向我告白："凌霜，我喜欢你！"我瞥他一眼，抱紧手里的书，准备绕过他。可是他拉住我的袖子，急了："我是真的喜欢你！"我甩开他的手："我听见了，也知道了。初三了，把心思放在学习上吧，我对你没那意思。"说完便走。他在我身后喊："我是不会放弃的，你会接受我的。"我直接无视了他。

但他果真说到做到，每天早餐、奶茶、糖果，哪一样都不落下，风雨无阻。就这样坚持了六个星期。终于在星期五下午，他在教室门口等我放学时，我忍不住了："我会考虑的，过两天给你答复。"说完就快步走开，走出好几步还能听见他的笑声。

回到家我抱着小夜进了房间："小夜，你说我的决定对不对呢？我感动了，也好像喜欢上他了，可是他很花心，我不知道该不该答应他。你说呢？"

星期天早上，我带着小夜去超市买猫粮。走到一个小巷口时，小夜突然跑进巷子里去了。我没想太多，就追了上去。跑了挺远，我发现它坐在一个拐角处。我走过去，把它抱起来，刚准备数落它，发现墙后有人说话："慕辰啊，拿下凌霜没？"慕辰的声音痞痞的："迟早的事儿，她已经快上钩了……"

我听不下去了，走过去，出声："我好像还没上钩吧？"慕辰和他的朋友吓了一跳："凌霜？""怎么，还有第二个我？"我笑了。"你听到什么了？"慕辰问我。"该听的听到了，不该听的也听到了。如果没听到的话，估计我还真上钩了呢。"我漫不经心地说，手指玩弄着小夜的尾巴。"既然你听到了，我不妨告诉你，追你只是打赌而已，被你发现了，那只能作废了。"慕辰摊了摊手，一副欠揍的样子。

我好笑地说："我是不是该感谢你这么坦白？好了，戏该落幕了，那就各回各家，各找各妈吧。"我抱着小夜轻松地笑，边说边转身走人。

走出巷口，我把小夜放下，它歪头，不解地看着我。我轻笑着点点它的头："你竟然敢乱跑，待会让人给捉去下火锅就死定了，还乱跑不？"它摇摇尾巴，表示不敢了。我站起来，说："走，买猫粮去。"它乖巧地跟在我身后。

过十字路口时，一辆货车突然闯红灯向我撞来。我吓得不知所措，后背忽然感受到一股力量，让我不由自主地向前扑去。我摔倒在地，身后是刺耳的刹车声，还有人群的尖叫声……我竟然有一种陌生的熟悉感。

我转过身，就看见我的小夜倒在血泊中，我朝它走过

三月的阳光不及你温暖

去，它还没断气，想向我摇摇尾巴，刚动了一下，便重重地垂下去，同时，它的眼睛也缓缓地闭上了。我想说话，却发现喉咙火烧般的疼，一个字都说不出来。司机被前来查看情况的交警带走了，而我，也被带去警局录笔录。

被妈妈带回家的时候，我眼神空洞，不想说话，只是妈妈告诉我她已经把小夜埋了的时候我才点了点头。我回到家就去房间里睡觉了，不知道睡了多久，我做了一个很长的梦：梦里有一个少年，一个小女孩儿，看不清少年的长相，却清晰可见他的脸上有一抹温暖的笑容。

少年拉着小女孩儿，走过大街，穿过小巷，处处留下他们的欢声笑语。就在他们四处乱走的时候，镜头切换了：小女孩儿愁眉苦脸地计算着什么，而少年就坐在她旁边笑着指指点点，不时地讲解。在我流连于这样的温馨场面时，镜头再一次切换：马路中间躺着一个人，好像是那个少年，他的身下不断地有血冒出了，染红了马路，而他的嘴正一张一合地说着什么。那个小女孩儿跪在他的身边，像是吓傻了，连哭泣都不会。

最后一个画面，是小夜。小夜站在那个我们初遇的巷口，朝我摆尾巴。它好像在对我说：不要怕，我会保护你。很奇怪，我竟然将它的身影和少年的身影重合在一起。

我醒的时候，爸爸妈妈都守在我的床边。爸爸的眼睛布满血丝，而妈妈的眼睛却红红的。妈妈看见我醒了，便搂住我，哭着说："丫头，你终于醒了，你睡了两天啊，吓死妈妈了。"我看着爸爸，爸爸的眼睛也湿润了。

后来，我终于想起来，那个梦里的少年是我小时候的邻居，他很喜欢我，对我有求必应。那天是我生日，他为了给我买巧克力，就带着我去超市。过马路时一辆面包车冲过来，我吓傻了，而他却习惯性地把我往前推，我安然无恙，但他却被撞个正着，因为失血过多，不治身亡。

我因为惊吓过度而大病一场，病好后，便忘了所有关于他的事情。医生说这是保护性失忆，在他葬礼后，他父母也就搬走了。

我也终于了解，为什么我会那么讨厌巧克力，也想起来那个哥哥临终前对我说了什么，他说：霜霜，不要怕，没事的，生日快乐，你哭了就不漂亮了。

我明白为什么小夜撞开我时我会觉得熟悉了，因为邻居哥哥也是这么推开我的。我想着想着哭了：原来我永远是被保护的那一个。

不管如何，我养的唯一一只猫就这样死去，而我，依旧是我。不同的是，在每一个埋头学习的深夜，我总会想起我的邻居哥哥和我的小夜。

我从此不再养猫。

虫儿飞

砖

1

"啊——"

跑下宿舍楼领垃圾袋的我和宿姨一起听到了六六直插云天的尖叫声。

我一把拿过宿姨手里的垃圾袋，给了她一个坚定的眼神，然后拔腿就跑。

爬上五楼，我气喘吁吁地推开门，大喊一声："别怕！我来救你们了！"

只见六六一只手紧紧抱住床铺的梯子，另一只手指着地上，带着哭腔开口："鼠王……"

事情是这样的——

刚刚她正准备洗个澡，于是拉开床帘。在床上凌乱的睡衣里，她突然发现了一块黑色的物体。高度近视眼的她随手将东西拿到眼前看个究竟，不到五厘米的距离，聚焦完毕的她看见的是一双蟑螂的眼睛。

　　六六张着嘴呆滞了几秒，待她明白那究竟是什么之后，残存的神智魂飞魄散。伴随着击溃耳膜的尖叫声，她以光速将手中的东西甩出几米远，掷地有声。

　　然后她看着地上的蟑螂，双眼噙泪，惊恐万状。

　　闻声而起的众人纷纷将头探出床帘看个究竟，发现是蟑螂后，众人将头缩回，还把床帘拉得更紧密了。

　　"六啊，你等鼠王回来吧。"

　　"原谅我们都怕虫子。"

　　我了解完事情的经过后，蹲下去仔细瞧了瞧地板上的物体，语重心长地对抖得跟筛子似的六六说："六啊，别大惊小怪了好不，这又不是一只蟑螂。"

　　"……啊？"六六梨花带雨的脸一瞬间变得错愕。

　　众人又纷纷将头探出："不是蟑螂啊，六你吓死我们了。"

　　"准确地说，这是一个蟑螂的头。"

　　三秒后，六六的尖叫声撕裂了整栋宿舍楼。

2

对于一个平时一看见虫子就毛骨悚然的妹子来说，不久前自己正亲手拿着一个蟑螂头这件事使她恶心到差点儿晕厥。

我的宿舍里都是一群非常胆小的姑娘。待我把蟑螂头扫掉后，众人才小心翼翼地下床安慰六六。

"没事儿，一个头好过整只。"

"都已经死了就不用害怕了啊。"

六六慢慢恢复心情后，向我们讲述了一个故事。

昨晚深夜，众人睡去，四周一片寂静。不知被什么弄醒的六六感觉背上有什么异物。睡眼蒙眬的她本能地把手伸进睡衣里胡乱一捏，捏完后又毫无感觉地睡死过去。

一切的动作是那么的纯粹自然。

谁知道她就这样徒手把一只蟑螂捏死了呢。

我们宿舍的智慧担当如草非常严肃地说："六，其实你这样不算捏死它，我在网上看过，没有头的蟑螂还可以再活一个星期的。"

在一片无声的寂静中，我们清楚地听见了鸡皮疙瘩一颗一颗，原地爆炸的声音。

"不要拦我，让我去死。"

"……"

"你们真的不拦我吗？"

"六，我要是你，我今晚就不敢睡你那铺。"修女十分实诚地回答她，"你想啊，半夜，一只无头蟑螂在你床铺上爬来爬去……"

"妈妈呀！我要回家……"六六的眼泪都飞出来了。

我对六六心生怜悯，本着室长的威严对众人说："别幸灾乐祸了各位，说不定那只蟑螂今晚跑到你们床上。"

"……"

"我去喷花露水。"

"我去塞蚊帐。"

六六欲哭无泪地看着众人又一次回到床上，可怜兮兮地一把抱住我放声大哭："鼠王啊，只有你是我的依靠啊！"

我一脸不忍地说："我也觉得我是你的依靠，但是你能不能先去洗个澡，我怕它的尸身还在你身上。"

3

说起虫子，我们教室里总有非常多。

比如，作业本上出现的小飞虫，夏夜抱团飞来的一年比一年肥胖的大水蚁，还有时不时从窗户杀进来的在教室上空盘旋的不明生物，这些都足以引起不小的轰动。

特别是在我们文科班。

往往夜修下课后，隔壁理科班就会有同学问我："你们又有飞虫是不？"

"你怎么知道？"

"你们班女生的叫声非常统一来着。"

"……"我一脸早已预料到的表情。

"我还听见有人叫你。"

"……"同上。

说实在话，我又不是专职抓虫子的，可是由于大家都觉得我临危不惧，所以每次被惊恐的众人推出去抓的人就是我。

可是我们班那五个男同志呢！这种表现机会不应该让给他们吗！我好歹也是个女的！

"鼠王你别解释了，你就一汉子，快点儿它要飞下来了。"

我站在讲台上，无语地看着底下把书本盖头上、校服套头上、身子缩在座位上的姑娘们。

我真的非常纳闷。不就是一只破蟑螂，为什么大家比它还要咋咋呼呼。

对这种蠢虫子，要智取！

我看准小强飞来的身影，把距离它不远的风扇开关按下。咣！小强果然以迅雷不及掩耳之势撞上了风扇的外壳，发出一阵激烈的摩擦声后，它从天而降！

我抬头一看，哇，小强果然是非常顽强的生物呢！它的头居然还卡在风扇里。

但是好死不死，小强的身体以一个优美的姿势垂直下落，在风扇正下方的六六桌上的笔筒完美地容纳了它。

我听到了六六绝望地咆哮："鼠王……我恨你！"

我冲快哭出来的她强颜欢笑："也算和中午的蟑螂头凑一只了不是……"

陈干事被我们班十分具有戏剧性的叫声吸引了过来，看到是我，他又气了个半死。

"你又在干吗？"

众人顿时屏息，面面相觑，气氛凝重。

只剩我一个人在讲台上尴尬地笑："干……干事啊，风扇上面有个蟑螂头，要不……你来？"

4

我们班和虫子有缘分的也不止六六，还有一个小胖子。

如果说我俩是这班上的驱虫能手的话也不为过，只是我们本质有差。

我纯靠过人的胆识和机智的脑袋，而他，纯靠他吸引虫子的磁场。

小胖子生得珠圆玉润，眼睛小小的，睁了跟没睁也没啥差别。因为怕热，他总是爱坐在窗边，享受夏夜的清凉晚风。巧的是虫子也非常钟爱他，总绕着他缠缠绵绵翩翩飞，大家紧张虫子的去向，自然都盯着他看。他又非常害羞，赶紧小胖手一挥，把虫子从窗户边赶了出去。

不久后，他便获得了一个美称——香妃。

得知这个绰号，我笑了整整三天。

5

我突然心血来潮想养一只蟑螂。

我觉得我平日里打死的虫子太多，万一它们半夜集体向我索命怎么办，我得对它们好点儿。

旁边的人对我这种突如其来的心思感到非常恶心。

特别是修女，我曾经把一只拍死的大水蚁装在折好的信封里，当成一封情书送给了她。

而她兴高采烈地打开信封，看到大水蚁尸体那一瞬间，活脱脱像看到冰箱里藏了两斤屎。

从那时候起，她和她周边的人，对书本或纸张都保持高度的警醒，对别人传过去的东西更像避瘟神一样实力拒绝。

但是老李对我的计划默默地表示支持。

他将喝完的饮料瓶改装，摆在我桌子上，还帮我抓了一只小强。

"小强长得真的特别丑。"

"那你还养。"

"你抓得尤其丑。"

"……哦。"

修女表示，我一天不把小强扔掉，我就一天不能进入宿舍。她将联合宿舍里所有人，实名抵制本室长。

问题是宿舍食物柜里那一大包小鱼干，不就没有我的份？

小强可以不养，小鱼干不能不吃。

经过一番深思熟虑，我把小强还给了老李。

老李鄙视我："姐，你只养了一节课欸。"

我一本正经地说："虽然只有一节课，但我对它灵魂的升华会影响它的一生。"

"你能干脆让它的灵魂升天吗？"老李的同桌颤着声儿问我。

"不可以！一日为师，终身为父！"我拽着老李，"走吧，我们去教室外放生。"

我们走出门的时候刚好小甜甜拿着电脑和教案来上课。

"老师，我们要去干一件大事！"

"干什么？"

"给你看！"我旋开瓶盖。

"啊——"

"它居然还会飞！"

三月的阳光不及你温暖

"它在我头上，啊——"

"老师你镇定！"

"镇定个头啊，啊——"

"它飞教室里去了！"

"啊——"

"鼠王抓蟑螂！"

"用扫帚！"

"不要杀我的小强！"

……

最后这场闹剧还是由老李终止的。

老李不愧是小强的再生父母，他轻而易举地在小强晕头转向撞到门掉在地上后终结了它的生命。

但是我一节课都不太开心，虽然我不知道它是怎么死的，但好歹它也跟随了我们一节课，老李竟如此狠心。

老李得知我的想法后暴跳如雷："还不是你惹出来的事儿！"

"那你也不能杀死我的小强！"

"我没杀它！"

"那它怎么就一命呜呼了！"

"它……它被我丑死了。"

我憋了好久，竟憋不出一个字。

6

干事得知我们班对虫子的反应如此大之后，专门花了半节数学课给我们班做了一次思想工作。

其实总结起来也就两点。一、虫子也是有生命的，每个生物都需要我们好好爱护。二、虫子虽然丑，但我们不能欺负它。

小香妃举手："老师，是虫子欺负我。"

干事："它年纪小，不懂事儿。"

小香妃郁闷极了。

7

前不久，六六在班里过生日。

香妃扭扭捏捏地要给六六唱首歌。

开口却是：

"虫儿飞，花儿随，一双又一对才美。"

然后香妃被六六一顿胖揍。

从此，六六逮到香妃就扯着自己五音不全的嗓子唱这一句。

后来《虫儿飞》成了我们的班歌。

三月的阳光不及你温暖

亚邪

1

听阿妈说，我出生的时候已经是深秋，那天下了很大的雨，天空中的乌云黑压压的一片，伴随着哗哗的雨声，我降临到了这个村子。

年幼时，我总喜欢坐在阿妈的膝上，眨巴着一双水灵灵的大眼睛问她："阿妈，我是从哪儿来的？"阿妈捏捏我胖乎乎的小脸蛋，"你呀，是阿妈从村口那棵老槐树下捡回来的。""阿妈你骗人，大人们都是这么哄小孩儿的！"我仰起头哼了一声，一副早就洞悉了一切的样子。

我自然是不信的，因为阿妈老早就告诉过我，我是伴着秋天的雨声出生的，故为我取名为秋雨，罗秋雨。阿妈不再答话，只宠溺地摸着我的头，念叨着："乖孩子。"
我扑到阿妈怀里，抱着她，心里想着："阿妈每次都说这
个谎骗我，真坏！"

2

　　我是村里孩子帮的二把手，因为在村子里的小孩儿中
我的年岁是第二大的，至于老大，哼！我才不愿意提及他
的名字！他是隔壁黎婶家的独苗活祖宗，叫黎烁。从小被
黎婶捧在手心里长大，养成了一副臭脾气！好吧，我说实
话，其实黎烁并没有一身臭脾气，相反，他性情温和，待
人接物十分得体，颇得村子里长辈的喜爱。就是这样一个
温文尔雅的翩翩少年，你能想象出他最喜欢做的事竟是跟
我抬杠吗？可事实就是这样，而这也是我说他一副臭脾气
的缘故。

　　村子里的小孩儿都喜欢跟着我和黎烁，只要有我和他
在的地方，必定是全村小孩儿一起出动。过年的时候，大
人们都围坐在燃着木炭的火炉周围拉家常吹牛，开些无伤
大雅的玩笑，足不出户。小孩子们自然是闲不住的，由我
和黎烁领队，一群人浩浩荡荡地往已经干枯的稻田开去。

　　我们分成两队，面对面站着，双方剑拔弩张，"战
争"似乎一触即发！一阵寒风扫过来，立在队伍前方用来
作战旗的竹枝晃动起来，竹叶相互摩擦发出哗哗的声音。

我把手一挥，一声令下："冲！"原本站在我两侧的"士兵"已经手握着事先准备好的"武器"——短木棒一拥而上！随后，身为"主帅"的我拿着武器便冲向了黎烁，木棒相交，发出砰砰的响声，伴随着我们嘴里发出的嘶吼声一起被风吹走……

本是作为一场游戏而已，可我和黎烁这厮却越打越起劲儿，到最后，所有人都停下来看我和黎烁"仇人相见——分外眼红"的交战。我揪他的耳朵，他扯我的头发，我们僵持着，谁都不肯先松手。这可把我气坏了！我冲他喊："黎烁你个小浑蛋！快松手啊！我头发快被你扯掉了！"他语气坚决地回绝了我："不放！"末了又补上一句，"你放我就放！"这孩子大抵是被我整怕了，说什么都不肯松手。我只好无奈地放开他的耳朵，还未等他反应过来，便率先拍掉了他仍抓着我头发的手。他抓得很紧，我这一拍的结果是：疼得眼泪都差点儿掉了下来。我盯着他那罪恶的手，恨不得冲上去咬它个鲜血淋漓。

这便是我和黎烁的相处方式，不打不痛快。可我们依旧是相亲相爱的好伙伴，有他在的地方必定有我，此后多年，一直如此。

3

等到年岁稍长一些，我和黎烁均以优异的成绩考上了镇上的中学。我马上就要离开村子，去镇上上学了。

临开学的前一天夜晚，阿妈早早地把弟弟妹妹哄去睡觉，而后来帮我整理行李，并叮嘱我到新学校要和同学好好相处，遇事多忍让些，阿妈不在身边要自己照顾好自己。我应着阿妈的嘱咐，心里五味杂陈。大抵是第一次离家这么远都会有这样的情绪吧。

"阿妈，阿爸什么时候回家？我想见他。"我坐在椅子上故作轻松地说出这句话。阿妈转过身看着我，笑了，又转过身去继续收拾着我上学要穿的衣物："好，我们家秋雨最孝顺了，我叫你阿爸这个月底回家一趟，到时你放假回家就能看到他了。"

那天夜晚我跟阿妈睡在一起，我紧紧地靠在她的身上，生怕下一秒就要分离。一直到深夜，我才终于敌不过困意，沉沉地睡去。

4

黎烁作为新生代表将在开学典礼上致辞。就为这，他在我面前嘚瑟了好久，跟自己捡了个金元宝似的。我对他的行为嗤之以鼻，他说我是吃不到葡萄说葡萄酸。我白他一眼，不再说话。

正式开学典礼那天，天气晴好，黎烁踩着明媚的阳光一步一步走上台，顿时，台下响起一片恍若惊雷的掌声。

我听到后面女孩子激动地说着："没想到这个黎烁不仅学习好，人也长得很好啊！"听到这儿，我不禁笑了，心里隐隐有些得意。我从小就觉得黎烁长得好看，可是我一直不知道他到底好看到什么程度，现在，我知道了。

自开学典礼过后，黎烁声名大噪，几乎全校的人都知道了，初一（4）班有个叫黎烁的男孩子，学习好，长得也好。因为我和他来自于同一个学校也被翻老底似的翻了出来。有时走在路上就会有女生拦住我，一脸娇羞地把手里的礼盒递给我让我交给黎烁，并附上感天动地情书一封。最后，还未等我看清她的面容就慌忙跑掉，生怕我拒绝当她的邮差。

其实我倒是挺乐意的。每次我将一堆包装精美的零食以及情书抱给黎烁时，他总是慷慨地把大手一挥："都拿去吃吧！"这个时候我是最高兴的。可受人之托，终人之事，我不能老想着吃啊！我扬起手中的一封信问黎烁："那这个怎么办？我可吃不了这个啊！"他白我一眼，一把接过我手里的情书们，看也不看一眼就直接丢进了桌子里边，随即又埋头专心攻他的数学习题去了。

我坐在他前面的位子上，一边嚼着美味的零食，一边看他演算习题时认真的模样，我想起了我们还在村子里上学的时候。

我们没有明亮的教室，没有美味的零食，可我们知道学习之于我们有着怎样重要的意义，它关乎责任甚至关乎一个家的未来，所以在学堂里，我们都是认真刻苦的模样。

5

所有人都知道，黎烁不喜欢女生去烦扰他，除了我。他会跟我嘻嘻哈哈地打闹，会跟我一起去食堂打饭，会跟我一起做值日。只是我没想到，这些在我眼里再平常不过的事竟也会给我招来祸端。

放月假那天我特别兴奋，因为回家就可以见到阿爸了，他常年在煤矿工作，虽然距家不是很远，可为了节省来回的车费，一年里总回不了几次家。

黎烁大概也是太兴奋了，毕竟离家这么久，他肯定想念黎婶做的红烧肉了。兴奋归兴奋，想念归想念，现在的问题是，黎烁把要带回家的作业落在了宿舍里。也就是说，他现在最快还得花十分钟的时间回宿舍去拿作业。

我哀怨地看着他，极不情愿地让他赶紧回去拿。得到我的许可，他一边往教室外边冲一边对我说："你在教室等着，我快去快回。"我点了点头，他大概也没顾得上看。

等人的时间里是难熬的，尤其是在你已经归心似箭的时候。我从黎烁的书包里拿出他的草稿纸，上面写满了密密麻麻的演算过程，透过它们，我仿佛又看到了每一个温热的午后，黎烁埋着头一遍又一遍演算习题的情景，我想，我该努很大一把力了。

然后我又翻到后面空白的一页，拿出笔想要画上一只乌龟以表达我的不满。当我刚刚画到一半的时候，我听到教室外面有脚步声，我抬起头，却没看见黎烁，只见几个初三的女生气焰嚣张地走了进来。

我见过她们的，在厕所里，她们一群人堵住一个女生，嘴里还不干不净地骂着。而此时，我有种不好的预感，她们是冲着我来的，至于原因，难道是黎烁？

这样想着，她们已经来到了我面前，其中一个似乎是带头的问我："你就是罗秋雨？听说你和黎烁走得很近，你们在一起了？"我听出她语气里的轻蔑，还有质问，仿佛是我染指了本来属于她的东西一般。她居高临下地望着我，等着我给她的答复。我没有搭理她，埋头继续画着我的乌龟。许是被我漠视她的态度所激怒，她有些抓狂，开始说一些难听的话。我本想狠狠地瞪她两眼，可我随即就被她逗笑了。她威胁我说："你最好离黎烁远点儿，否则我要你好看。"

我是真的觉得好笑，这么多年我一直跟在黎烁身边亦步亦趋，我要怎么离他远些，搬离村子还是退学？可惜，这两件事我一件也做不到。

她见我发笑，更加恼怒了，嘴里也换上了更加难听的话，以及更加严厉的威胁。我被她的聒噪弄得心烦，起身准备出去，可就在我迈开步子的瞬间，旁边迅速伸出一只脚来绊了我一下，小脑原本就不发达的我顿时失去了重心，整个人直挺挺地向前摔去。我本能地想要抓住课桌以支撑我不至于在她们面前摔个狗吃屎，可是我万万没想到，人倒霉起来喝凉水都塞牙竟然是真的。所以结果是，我不仅没有抓住课桌，我还把桌上的玻璃杯给连带着摔了下来，一声清脆的"啪"过后，玻璃杯霎时碎成了很多块。

当我从周围人的尖叫声中回过神来的时候我才猛然惊觉从额头传来的疼痛，那是被利器划伤的火辣辣的疼。就在这时，门口一直望着风的女生喊了一句："黎烁回来了，快走！"随即一群人心满意足地迅速离开了教室。

我始终镇定自若地应对着发生的这一切，可在我看到黎烁雪白的草稿纸上的一滴圆形血迹时，我还是慌了。站起身还没来得及处理一下狼藉，我已经对上了教室门口黎烁明亮的眼眸，他先是惊恐地望着我，而后，他的眼睛开始没有了焦点。

我慌忙用衣袖把额头上的血迹擦掉，一手捂住还在往外渗血的伤口，一边冲黎烁喊："黎烁你别看我！黎烁你别怕，我没事！"他晕血，我知道的。

6

回家的路上，黎烁问我怎么这么不小心？我却答非所问地告诉他，我想快些回家。随即加快了脚步。回到家我一眼就看到了正在灶前忙碌的阿妈，我眼圈一热，差点儿哭了出来。随手擦了擦眼里噙着的泪水，我喊了一声："阿妈，我回来了！"笑得一脸灿烂。

阿妈转过身来看到是我，先是满脸的喜悦，随后又着急忙慌地从灶房出来问我额头怎么回事。我笑得轻松，轻描淡写地交代了自己不小心摔倒磕到额头的事。

我没有跟阿妈提到那几个初三女生，因为怕她担心。阿妈摸了摸我的头，让我进去屋里准备吃饭，说阿爸都等我等得着急了。

我们一家人围在没有燃炭的火炉周围有说有笑地吃了一顿团圆饭。饭桌上，阿爸阿妈都争着给我夹菜，弟弟妹妹也都乖巧地吃着饭。那一刻，我觉得自己真是世界上最幸福的小孩儿。我不想住漂亮的大房子，不想吃包装精致的零食，我只想要我们一家人永远像现在这样在一起。

夜晚时分，一家人坐在一起闲聊，我给他们讲我在学校的趣闻，阿爸阿妈被逗得合不拢嘴。后来，阿爸又提起我额头的事，气氛才又瞬间沉静了下来。

我走过去看着阿爸的眼睛，我说："阿爸，我不是村子里最漂亮的小孩儿了，你还要我吗？"阿爸把我揽进怀里，说："傻孩子，说的什么话！你永远是阿爸的孩子。"

我沉默着顺势把头埋进阿爸的外套里。阿爸的胸膛真温暖啊！温暖得我想落泪。阿爸，我把心里的委屈都化作了泪水流在你的胸膛，你能感受到吗？

7

时间洪流不停地向前奔走，想抓住些什么，却怎么也抓不住。回头时发现自己已经跌跌撞撞地往前走了好远好远，可那些过去了的场景却又好像近在眼前。这就是我现在的感受。

上了初三之后，学习比以前忙碌了，我跟黎烁不再有那么多的时间打闹，他一心想考那所据说是市里面最好的高中，于是不管上课下课，他都把自己埋在学习的世界里。而我，早就决定跟着黎烁的脚步走，所以，我也比以前更加努力了。只是……看着刚发下来的试卷上的一个又一个红叉时，我的心凉了一半。再看看黎烁，年级的第一名，要上他说的那所高中已经不在话下。

可最让我在意的，是这一次全市的调研考试几乎决定了你能不能上那所高中。所以，这次考试其实相当于一张门票，一条捷径。

我耷拉着脑袋趴在桌上，像一只打了败仗的大公鸡，看同学们热火朝天地说着自己因为各种各样的原因造成失误突然就觉得心很烦，仿佛整个脑袋里都是他们的聒噪。然后，我默默往后门退了出去。我觉得我的心上好像压着一块石头，不发泄一番是不会好过的。于是，我来到了楼顶的天台。

天台上一片漆黑，我走过去趴到栏杆上，看着脚下灯火通明的校园，竟默默地哭了。我想到了阿爸阿妈，想到他们为我付出的汗水，想到他们把我当成最贵重的宝贝一样小心呵护，我也想到了黎烁，想到了幼时我曾恶狠狠地对戴着大红花的他说："黎烁你别得意，下学期的大红花一定是我的。"于是，下学期的大红花就真的是我的了。想到这儿，我哭得更厉害了，眼泪直往下掉，一颗一颗全都砸进了无边的夜色中。

我沉浸在自己营造的悲伤的世界里，以至于黎烁是什么时候出现在天台上我浑然不知，直到他出声唤我："罗秋雨。"听到除了自己以外的另一个声音在天台上响起，我赶忙停止了哭泣，用手胡乱把泪水抹干，深呼吸一口后才勉强用已经有些沙哑的声音回他："干吗？"

他走过来站在我身边，拍拍我的肩膀，说："你别哭了，一次考试而已，没关系的。"他说得云淡风轻，可他不知道，于我而言，每一次考试都不只是考试。

我有些生气了，冲他喊："你知道什么？这次考试关系到以后能不能上你说的那所重点高中！你是考得好，肯定能考上了！可是我呢？我考不上难道哭一下也不行了吗？！"我越说越激动，声音变得越来越沙哑，到后来我只能趴在栏杆上大口大口地喘气。也是在这一刻，黎烁突然转过身来拥住了我，在我耳边轻轻开口："我相信你。"我一时有些愣神，僵在那里任他拥着，没有回应。

黎烁，我想你大概不会明白我的感受，你说你相信我，可是，我不相信。

8

接下来的几天里我情绪一直不好，也无心听课，所幸五一假期很快就来了，终于可以回家了。

只要在这世上多活些年月你就会发现，即便你到过很多地方，可真正能让你说出"回"这个字的少之又少。我喜欢回家，因为我最亲的人都在等我回家。

5月份是种植水稻的时节，每日早饭过后，各家各户就都背着满满一背篓秧苗还有一些必备的农具上水田里插秧了。村里的小孩儿不像城镇上孩子那般娇生惯养，每到农忙时候都是得去田地里帮着干农活的。往年这个时候我也会去帮着阿妈他们插秧，只是今年我借口快中考了要在家里复习，阿妈想也没想就答应了，临出门前还说只要我好好学习，要怎样都行。

我坐在小方桌前温习课本，屋子里安静得落针可闻，可我却觉得心里边有一股莫名的火在蔓延，让我愈发烦躁，我伸手一把抓起桌上的书本，将其狠狠地摔在地上，它发出"啪"的一声，似乎是在对我如此粗暴行为进行控诉。

就在我几乎想要冲上去把那一页一页的书本撕个粉碎的时候，我听见有人敲门的声音，心想，怎么阿妈这么早就回来了？连忙把地上的书本拾起来胡乱往桌上一放就慌慌张张地跑去开门。

我拉开门闩，打开门后我却没有见到预料中的阿妈的脸，出现在我面前的是一个妆容精致的女人，穿一袭浅绿色连衣裙，很好看的样子。

我似乎并不认识她，也没有听阿妈说过我们家有什么有钱的亲戚，所以，她该不是诱拐儿童的吧？可我应该也不算儿童了吧？然后我又看了看她身后穿着一身黑衣的男人，虽然戴着一副金丝眼镜，可我实在看不出他是个斯文人，相反，我觉得他比那个女人更像是拐卖儿童的。

这样想着，我不禁被我丰富的想象力逗笑了。那女人见我不说话，又在那儿傻愣着笑，眼睛里闪过一丝异样，她回头望向身后的男人，眼神很无奈，又很……悲伤？不过也许是我看错了。

那男人走过来拍了拍女人的肩，我才想起我还没有问他们要干吗？于是，我先开了口："额，叔叔阿姨你们有事吗？"听到我正常开口说话，女人的脸色一下缓和了，接着笑得一脸的温和，问我："小朋友，就你在家吗？你阿妈呢？"她弓着身子，我闻到了她头发上好闻的洗发水的味道，顿时好感倍增。

我有些迟疑，怕他们真是坏人，可到底还是说了真话，我说："阿妈去田里插秧了，你们找她有事吗？"那女人面露难色，试探性地问我，"那你现在可不可以带我们去找她，我们有很重要的事情想问问她。"听她这么说，我便更忍不住好奇，很重要的事？到底是什么呢？

9

那天，我没有带他们去找阿妈，但是我去把阿妈找了回来。一路上，阿妈跟我都没有说话，气氛有些诡秘。

刚回到家他们就迎了上来，礼貌地跟阿妈打招呼，阿妈有些不好意思，连着说了好几句"让你们久等了"。说着，阿妈把他们领进了屋里。

我没有跟进去，坐在门前的石阶上发呆，也不知道他们在屋里讲些什么，只知道过了很长时间他们还没出来。就在我坐得快睡着的时候，我听到有人从屋里出来，是那个女人，身后跟着那个男人，还有阿妈。

女人走到我面前，一句话没说就直接把我搂进怀里，然后痛哭起来。我有些不知所措，更多的是莫名其妙。可是，当我听到她一遍遍喊着"我的孩子"的时候，我几乎想从她怀里挣脱。

我愣在那里，难以置信地望向阿妈，想要寻求一个答案。可是，刚刚触及我询问的眼神阿妈就偏过头去不再看我，似乎是默认了。我默默收回视线，使出全身的力气狠狠推开面前这个搂着我的素不相识的女人，然后头也不回地跑了出去，全然不顾身后的哭喊声。

我不知道我为什么要跑，只是突然觉得同甘共苦了这么多年的家人竟然是跟我毫无血缘的路人，那种感觉真让我绝望，就好像再次被这个世界抛弃一样。

不过，那天我并没有跑得多远，也没有哭得很伤心，我只跑到村口那棵老槐树下便停了下来，想象着十多年前我被遗弃时是怎样的情景。

睁着两只圆碌碌的小眼睛，被放在老槐树下，或许还开心地笑，浑然不知这意味着什么，只是瞳孔里父母的脸越来越远。尔后，天空蒙上一层厚厚的阴霾，电闪雷鸣，我被吓得哭了起来，嘹亮的声音划破阴沉的天空，终于，我又重新被抱了起来，眼睛里出现了一个慈眉善目的女人。后来，我管她叫阿妈。

所以，其实阿妈一直都在跟我讲真话，只是我太自以为是了。我在老槐树下坐了很久，坐到全身都开始钻入刺骨的寒冷。那时我在想，如果我一直坐下去，坐成一尊雕塑该多好！可是，我的这种幻想很快就被黎烁打破，他在我身后喊我的名字，"罗秋雨"。这个现在于我而言异常讽刺的名字。我没有应他，也没有回头，只是听着他的脚步声一点一点靠近，直到他停下来，站在我身边。

"罗秋雨，回家吧，你阿妈还有你……妈妈都很担心你。"他说。

"黎烁，我没有阿妈了，那座房子，也不是我的家了。"我尽量用平稳的语气说完这句话，眼睛仍旧没有看他，我怕我一看他，先前千辛万苦隐忍下去的泪水就会决堤而下。

"那么，跟我走吧！"他又说。然后向我伸出了手。我终于抬头，看着他的眼睛，那么澄澈的目光，那么坚定的眼神，我怎么可能忍心拒绝？所以，我只答了他一个字："好。"说罢，将手搭上他的手，他一使力，把我拉了起来。

那天，他拉着我的手，一步一步向村子里走去，虽然以前也跟他一起走过很多次，可是这一次却是我这么些年来走得最艰难的一次，注定永生难忘。

当我的视线重新出现那几个人还有那座房子的时候，我已经不再像先前那样激动。阿妈最先看到我，跑过来一下子抱住我，抱得紧紧的，像抱着一件失而复得的珍宝。她一遍又一遍地唤着："秋雨，孩子，好孩子。"

我回抱住阿妈，才发现，她竟清瘦成了这个样子！为着一个来历不明的我，竟累至此！一股强烈的愧疚感瞬间将我包裹。

我仰起头，尽量离阿妈的耳边近一些，身后那座因为年代久远而显得破旧的木屋静静地观望着这一切。我看着阿妈清瘦的身躯因为哭泣颤抖着，心里像被人生生灌入几大瓶白醋一样，又酸又涩。我想要开口安慰，眼泪霎时从眼角滑落，落在了阿妈的肩上。

我闭上眼，又睁开。轻轻开口："阿妈，我……"只是，话还没有说完我就觉得眼前越来越黑，就连偷偷转过头抹眼泪的黎烁我都看不清，最后，我感觉全身的力气仿佛被一下子抽干，整个身体慢慢向下滑，然后我便失去了知觉，只依稀听见面前的黎烁慌乱地喊："秋雨！"黎烁，这是你第一次这样叫我的名字。

10

不知过了多久，我终于从剧烈的头痛中醒来，身边的一切俨然换了一副新的模样。

我没有吵，没有闹，安静地接受着我生活中的这些变化。我的生父生母，当初因为穷困潦倒抛弃了我，现在，他们已然成了这座繁华的大都市里的有钱人。他们送我去最好的学校念书，给我买很多我连名字都叫不上来的吃食，他们大概是想通过这些物质上的补偿来弥补我这十多年来精神上的亏空吧，可是，我始终无法融入到他们的生活里。

直到很久之后，我才终于学会了如何做一个城市小孩儿。我穿名贵的衣服，吃昂贵的食物，跟同学一起去豪华的地方聚餐。我喜欢笑，所以他们都喜欢跟我玩。我还跟他们分享我的小秘密，比如，早上起来偷偷把爸爸的眼镜藏在了他的皮鞋里，或是我恶作剧地在我家养的那只白色萨摩耶的食物里放了两勺盐。

可是，他们都不知道，我心里最大的那个秘密啊，是我的小村子、我的阿妈和那个有着澄澈的目光的叫作黎烁的男孩儿。

我相信，在某一天，我一定能和他们再见面。直到后来，我在爸爸的书架上翻到了很久以前的一张报纸，上面赫然写着："×省×市近日来因为连续暴雨，已有多地发生特大泥石流自然灾害，其中最严重的是×村，整个村庄已被悉数淹没，伤亡情况暂且不明。"

消息的下面附了一张照片，照片上整个村子只剩下一棵老槐树在废墟之中摇曳，那么孤独。一时之间，阿妈还有黎烁的脸在我脑里不断变换着，心里像被一块巨石压着，那种感觉，就像突然从阳光明媚的地方被关到一间小黑屋里，面对满室的黑暗，希望破灭，连活下去都成了一件极难做到的事。

自那之后，我每个周日都会去教堂祈祷，不求他们有多富足，只要活着，平安喜乐就好。只是，黎烁，我每天都更努力地活着，却迟迟等不到你再唤我一声秋雨。

3月的阳光洒在身上，暖洋洋的如同3月的天气一般。可是黎烁，你藏在世界的哪一个角落，这3月的阳光照在了你心上吗？

你睡在我的记忆里

陌 忆

1

季初，你还记得我七岁那年，你让我爬树帮你把羽毛球拿下来的那次吗？

你说："我畏高，天蓝，如果你把羽毛球拿下来，我就给你棒棒糖，还有周日让你和我一起出去玩。"

我一下子就答应了，不是因为棒棒糖，而是你说会带我去玩。

那时也不知道哪里来的勇气，手脚并用地使劲儿往树上爬，你的羽毛球卡在两根并排的树枝之中，我费了很大劲儿才把它拿出。可是我发现，我有勇气爬上树，却不敢爬下去。

你说："天蓝别怕，我在下面接你呢，你跳下来吧。"

我相信你，于是一手攀着树枝一手紧紧握着羽毛球，眼睛一闭就往地下跳。

可是季初你骗我。那次你因为害怕所以没有伸手接我，还好地上是软绵绵的草，而我爬得也不是特别高。可我还是受伤了，额头磕到了一块石头，血沿着额角滑下，疼得我连哭都忘记了。

你连忙跑过来，吓得脸色发青，你想帮我把脸上的血擦掉又怕弄疼我，一张脸哭得比我还厉害，却一个劲儿地说："天蓝你别哭，别哭，这就带你去找妈妈。"然后你把我背起来，那时你八岁，不算宽的背不知道为什么让我觉得很安心，似乎连额头上的伤也不疼了。季初你知道吗？看你手足无措的样子，老实说，我很开心。

因为我知道，其实你有时只是嫌我烦，并不是讨厌我。

那天回家后刚好也碰到你妈妈，你妈妈吃惊地看着我额头的伤口，问你怎么回事。

我怕你被你妈骂，所以说是自己摔的。可我话音刚落，你就特男子汉气地大声回答："是我不好，我让天蓝帮我到树上拿羽毛球……"

你只是开了个头，你妈妈就伸手给了你一巴掌，厉声说道："季初，女孩子是用来保护的！你怎能反过来让天

三月的阳光不及你温暖

蓝去冒险？”

你妈妈的气势可真强呀。季初，我一直低着头不敢说话，生怕一个不小心说错话你又会被你妈妈打。

那天发生的事我到现在都记得非常清楚，连同那些细枝末节。蔚蓝的天空像是碎成一片一片地洒在你的瞳孔里，你看着我说：“天蓝，对不起，以后我会保护你！”

稚嫩的表情话语，没有丝毫说服力。可我还是像得了一件宝贝似的紧紧捂在胸口，怕被别人窥视到，宝贝就不见了。

季初，你也许不知道，你说的这一句话，在我心里发了芽扎了根，在以后的年年岁岁蓬勃生长成一棵郁郁葱葱的大树。

我始终相信，当我失意落魄、伤心痛苦、悲惨潦倒时，背后总有个人会保护我。

我相信你。

后来伤口结成一个疤，贴在我光洁的额头上。邻班的一个小男孩儿有一次叫我小丑怪，你听到后就与那个小男孩儿扭打成一团，还大声吼着：“不许叫天蓝小丑怪，不许叫小丑怪……”

那天你被打得可真惨啊，一张小脸都挂彩了。我噘着一张嘴，泪水在眼眶来回打着滚。你笑眯眯地对我说：“天蓝，我帅不？”

我抽噎着，没搭话。

你继续对我说："天蓝你也不要难过，就算你额头有疤，你还是很好看的，比我还好看。"

我撇撇嘴，笑了。冰凉的液体争先恐后地从眼眶逃出，我看到你清澈的瞳孔映着我的一张哭脸。

季初，那时我就想，不长大多好，我们都不长大那该多好。

2

2007年，季初，你上高中了。

那一年我每天起早贪黑努力想要考取和你一样的学校。可事与愿违，那时我终于知道，那些写以一个喜欢的男孩为动力，每天努力学习天天向上，最后成功奔向他所在的梦想学院的片段都是骗人的。

我以两分之差与你所在的重点高中擦肩而过。我把自己关在房里哭了很久，第二天我顶着一双兔子眼对我妈说，我要复读。

你知道后直骂我傻瓜，说别人能考到这个分数都偷着乐去了，我倒好，偏要推自己往火坑里再跳一次。

季初你知道吗？当你说出这句话时我差点儿就当着你的面大哭起来。我很想矫情地、厚着脸皮说我是因为想和你在一起才这么折腾自己的。

先喜欢上的那个人，活该犯贱。

　　我又一次把自己埋在茫茫无边的题海中。为此我还去理发店把一头留了四年的长发给剪成齐肩的碎发。替我剪发的一个阿姨啧啧道："这么柔顺的长发，你怎么舍得把它剪了，真可惜。"

　　是呀，好可惜。剪掉长发的那几天我都不敢去照镜子，怕看到一个陌生的自己。

　　因为喜欢一个人，我把自己变得连自己都不认识了。

　　2008年，中国南方地区遭遇特大雪灾，四川汶川发生大地震，北京奥运会隆重开幕，神舟七号卫星发射成功……同一年，我也终于拿到了你们学校的录取通知书。

　　我拒绝爸爸妈妈的同行，所以是你负责接待的我。你笑着拍了拍我的肩膀，说："不错呀你，恭喜。"

　　我抿着嘴愉乐。你接过我的行李，说我带你去找你的宿舍楼，以后有什么不懂的，就来问你季初哥哥。

　　我说："你也不过大我一岁，什么哥呀妹的，占我便宜是吧？"

　　你很是爽朗地笑了，也不答什么，率先走在我前面。不知道为什么，我总觉得你变了，变高变帅了，也不那么孩子气了，而且，变得很爱笑，笑起来像是三月暖阳，明媚而不刺眼。

　　我走在你身后看你挺拔的身影，阳光暖暖的，心也热乎乎的。

　　我来得有些早，宿舍还没看到其他人。我找到自己的床位放下行李，然后对着镜子整了整自己被风吹乱的头发，兴冲冲地跑下楼。你说要带我出去吃饭，当作庆贺。

只是当我跑下楼后，你却不见了身影。我打电话问你，你抱歉地对我说："天蓝，临时有些事，你饿的话就先去食堂或者小卖部买点儿东西吃，我以后再请你。"

然后你就把电话挂了。我站在原地失落地想，我是第一次来这个学校呢。

最后我在这个偌大的学校闲逛起来。我不识路，走到一个地方就看下路标。逛着逛着就跑到学校的一块隐蔽小丛林，没想到在这里看到一场悲情剧场。

"你为什么说要分手？你说我做错什么了？""秦香莲"的声音抖了又抖，指着"陈世美"质问的手指也跟着颤抖起来。我想这是"羊痫疯"的症状呀，得治。

"陈世美"伸了个懒腰，迎着阳光打了个哈欠。慢吞吞地答道："没做错什么呀，你干吗自作多情把错往自己身上揽啊？"

"秦香莲"哭了出来："那你为什么要和我分手？我才不相信你是因为喜欢上别人才和我要分手！"

"你都不相信了还要我说什么呢？""陈世美"笑起来很妖孽，他耸耸肩，一副"你爱咋地就咋地"的欠揍样。

我把自己藏在一棵大树下，坐在树下蜷成一团。虽说偷看偷听这事有些不厚道，但我实在迫于情势所逼呀，

三月的阳光不及你温暖

我就在离他们不远的地方，出去肯定会被发现的。而且相信两个当事人也不希望如此"不光彩"的事被第三个人发现，所以我很有厚道之心的打算做个隐形人。

但可是，为毛你们的恩怨情仇剪不断理还乱啊。说了这么久竟然还有种"黄河泛滥成灾"的气势？

这"秦香莲"太啰唆了，这"陈世美"该拖去浸猪笼。我迷迷糊糊地想着。昨晚因为兴奋过头导致失眠，没想到现在在看一场狗血剧竟然有种昏昏欲睡的感觉。也不知道过了多久，只是觉得鼻子痒痒的，想打喷嚏。又好像听到有人在笑，吓得我连忙睁开眼睛，然后就看到一张脸，放大地呈现在我面前。

我想都没想，"啪"的一巴掌就朝眼前的脸给扇去。男生连忙往旁边一躲，避开我的"攻击"。

"这位同学脾气可不是很好呦。"咦？这个声音很熟悉，我往旁边的人扫了一眼，果然是"陈世美"！

等一下。他怎么知道我在这里？难道我偷听偷看的事被发现了，他现在要杀、人、灭、口！

我的眼睛迅速地往周围来回扫描。坑爹呀，这鸟不拉屎的地方就只有我们两人呐！

"陈世美"估计是看出我的心思了，用眼角瞥了我一眼，把手上的狗尾巴草打成一个结扔在我身上，轻飘飘地说："放心，就你这样，很安全。"

就我这样？我怎样了？不过我没这样问他，估计他会回我一句"不怎么样啊"。自讨苦吃的事少做为妙。

沉默是金。我沉默地挥一挥衣袖，不带走一片落叶地走人。

3

我是在入学第三天再次碰到季初的，与他同行的还有一个女孩子。季初你笑嘻嘻地和我开玩笑，说："这是徐音，要叫嫂子哦。"

我垂着头，胸口有个地方闷闷的，像是一条被海浪翻滚到陆地上的鱼，挣扎着想靠近水源。我没看那个女生，直声说："才不要。"

你看我那个时候多年轻呀，对于自己无法接受或者不喜欢做的事，直接就可以拒绝说"我不要"。

我不要你喜欢别的女孩儿。

气氛顿时变得有些尴尬，还好那个女孩儿适时出来解围，她说："说不要是对的。天蓝，别听你季初哥胡说。"

"季初哥？"我朝她冷冷地笑了下说："他和我没任何血缘关系，你凭什么要我叫他哥？"

徐音也是想给我个台阶下，没想到我不领情还把这尴尬的气氛弄得更上一层楼。她这会儿也不知道要怎么回答我，咬咬唇，最后什么话都没说。

"林天蓝，你是怎么回事？"季初的脸色一下子就变了，声音凌厉严肃，"如果是因为前几天我爽约的事儿，那我跟你道歉，你别把脾气发在徐音身上，她没做对不起你的事！"

我的眼眶一下子就红了，不是因为他为另一个女孩儿对我生气对我吼，而是他竟然把我看得那么小气，以为我的无理取闹是因为开学第一天他的失约。

季初，要怎么告诉你，我如此不讲理，像个任性的孩子发脾气，仅仅是因为，我觉得你好像要把我丢了。

那天我们三个人站在女生宿舍楼下，你和徐音站在一起，我抱着书一个人孤零零地站在你对面。我想说抱歉的，季初，我想说我不是故意要把气氛弄得这样僵持。可是你只是拉住徐音的手说"我们走吧"，然后就真的走了。

我一直低着头，不敢看你们牵手离开的背影。那一刻我很想像偶像剧里那些失恋的女主角一样把手上的书一丢，坐在地上哇哇大哭。

不过我丢不起这个人，所以就只是抬起手抹抹眼角，对自己说没什么大不了的。

屋漏偏逢连夜雨，这人呀，一旦运气不好，喝口水都能塞牙缝。我要去教室的路中，竟然碰到"陈世美"还有"秦香莲"迎面而来。

本来吧，碰到就碰到了，反正我们也不熟悉，擦肩而过就是陌生人。可是当我低着头疾步要拐弯走到教室去时，"陈世美"竟然拉住我的手，我因为走得太快收不住脚步，又由于惯性向"陈世美"身旁倒去。

来来来，给个镜头。按照肥皂剧的套路应该是男主角伸出他坚实的臂膀揽住女主角，然后女主角抬起惊慌失措的小脸望向男主角，四目相望，一切尽在不言中，误会就是这样产生的。

可很显然我没这言情女主角的命呀，可恶的"陈世美"眼睁睁地看着我以一个很不优雅的"狗吃屎"模样趴在地上，满手的书向四周散开。我气得想要问天问大地，我是不是出门得先烧高香求各路神仙保佑啊？！

"呀！"我听见"秦香莲"一声惊呼。

然后有一双手把我扶起，我听见"陈世美"的声音柔得不像话："怎么？还在生我气？所以故意摔一跤让我心疼？"

故意什么啊，我没事吃饱撑的是吧？如果不是你猝不及防地拉住我，我至于摔倒吗？我至于这样狼狈吗？至于吗？！

"秦香莲"由开始的惊呼转为愤怒，她颤抖着手指指着我们，气得全身发颤。这么一看更像个得了"羊痫疯"的患者了。我差点儿脱口而出："你这病呀，得早点儿治。"

"你说有了另一个喜欢的人，就是她吗？是不是？""秦香莲"这角色可真不是盖的，眼泪说来就来，真的可以与那些韩剧女星媲美了。

"陈世美"完全把她当空气，就只是望着我，轻轻地问道："疼不疼？"

我使劲儿咽了一下口水。天啊，我快要把持不住了，我几乎想要从地上拿起一本书，直接往他的脸上狠狠掷去，打死你这个负心汉。

"艾薇，我不想多说一些废话来伤害你，天蓝是个好女孩儿，我想好好和她在一起。"

他说得很认真，如果不是因为我气得牙痒痒，如果不是知道他是把我拉来当挡箭牌，几乎也会认为他暗恋我很长一段时间了。

"秦香莲"同学的偶像估计是琼瑶阿姨。因为她把琼瑶阿姨写的那些女主角演得是出神入化，什么奥斯卡奖、金马奖的最佳女主角都得让她收入囊中。因为此刻她说了一句让我们很无语的话："我是不会祝福你们的！"然后就哭着跑了。

这个世界终于清静了。意外的是，我的怒气竟也慢慢平静下来。看都没看旁边的男生一眼，蹲下身拾起地上的书本。

"喂，你在生气是不是？""陈世美"问道，语气无辜。

我不答话，把书一本一本拾起，拾到最后一本时发现季初送给我的笔记本封面上沾了一块黑乎乎的东西，我使劲儿擦，可怎么也擦不干净。我一急，眼泪就跑了出来。"陈世美"没发现我在哭，继续念叨着："你们女生就是烦，说不喜欢就不喜欢，哪有那么多为什么呀？喂，你倒是说话啊……"

我猛地抬头，拿起手里的一本厚厚词典就向他砸。他还来不及躲开，字典已呈抛物线落在了他的脸上。下一秒，就看到"陈世美"低下头捂住眼睛蹲下身。

我吓傻了，脑海里只有一个反应："我完了。"

4

我是真的完了。"陈世美"这家伙竟然以"人多嘈杂怕伤口容易感染"这个破理由请假在家休息一星期。我每天都要在放学后坐十五分钟的公车去他家给他送课堂笔记，我们不同年级，我还得去他们班和他的哥们儿借了再拿给他，成了他的贴身丫鬟，随叫随到。

"小蓝子，我想吃牛肉饭。"

"叫外卖。"

"小蓝子，我想吃苹果。"

"又不是手受伤，自己拿。"

"小蓝子，我要上厕所。"

"……"这关我什么事啊。

三月的阳光不及你温暖

"小蓝子，好无聊，你讲个笑话来听吧。"

"……"我假装什么都没听到。

"哎呀，我的眼睛好疼，估计要瞎了。哎呀，我青春正好，还没交女朋友，父母还盼望我学业有成，早日成家立业，让他们尽早享受天伦之乐。哎呀，我是个不孝子，得让他们失望了……"

"……"我发现我们学校个个都是演戏的料啊。只是被书砸到眼角，流了几滴血，并没有伤到眼睛，他用得着一副"我得了绝症，我就要死了"的语气对我说话吗？

我剥了一颗橘子给他，他眨眨眼很无辜地说"我想吃苹果"，我丢了一个凌厉的眼神给他，他就把整个橘子给吞了，竟然也不会噎着。

"喂，于焕然。请问下，医生说伤口不严重，而且你看起来一时半会也死不了，我可以功成身退了吧？"

"嗯，好。既然这样，那你走吧。"于焕然同学很爽快地回答，我疑惑地看了他一眼，他抬起头问我："怎么还不走？"

我想他被我这么一砸脑袋终于开窍儿了，连忙站起身就往门外跑。只是手刚搭到门把手，就听见一声惨叫："哎哟，我的眼睛好疼……"

我握住门把的手一紧，有内力的话估计这门就成一堆残渣了。我回头，一字一字往外蹦："于焕然，你能再幼稚点儿吗？！"

他瞅了我一眼，眼珠子黑溜溜的，像极了我小时候养过的一条小狗的眼睛，深邃迷人。我可不是骂人，真是夸他眼睛漂亮呢。

"我明天给你带牛肉饭。"我咬牙切齿道，"砰"的一声把于焕然这混蛋在听完我说的话后露出的得意的笑容拒之门里。

我在一个晚上遇到徐音。

那时我正要去上晚自习，徐音叫住我。我在原地踌躇了下，提步向她走去。

我们沿着操场一直走，晚风徐徐，一轮明月像是挂在树梢上，半隐半现。徐音突然问我："天蓝，你喜欢季初是吧？"

我垂头，很小声地应了一句："嗯。"

"呵，我就知道。看你第一次见到我时那副警惕样，好像我要抢了你的宝贝似的。"她轻轻笑了下，"可是怎么办呢？我也喜欢季初，没办法让给你啊。"

"徐音，别不把我的喜欢当成一回事，我喜欢他，与你无关。你喜欢他，也是你的事，不必让来让去。季初是个人，不是东西。"季初，对不起呀，我把你骂了。

"真是个伶牙俐齿的小丫头。"徐音又笑了起来，笑声清澈透亮，可我还是有些厌恶地皱了皱眉。于是转身说："我要去上晚自习了。"

"天蓝，有些事不能太固执，不然受伤的总会是自己。"徐音的声音融在晚风里，一字不落地飘入我的耳里。

固执？是，我就是固执地喜欢季初，哪怕如飞蛾扑火一般自不量力。

回去上晚自习的路上，碰到三个高年级的学姐。她们其中一个拦住我的去路，我闻到一股刺鼻的烟草味。她问我："看到徐音没？"

我指指操场，还没答话，她们便甩下我走了。

我盯着她们融入夜色的背影，感到有些莫名其妙。

第二天刚走进教室就听到班里热烈地讨论着什么。一个同学拉住我，很八卦地问道："我昨晚看见你和徐音在一起，可是她被打了你怎么没有帮助她？"

"啊？徐音被打？我怎么不知道？"

我突然想起昨晚碰到的那三个女生，难道，是她们动的手吗？可又是为什么呢？

直到同桌告诉我，我才知道，原来徐音本就不是个乖乖女，自小就叛逆，交了一群小太妹常惹是生非。后来因为碰到一个喜欢的男生，想要脱离这种生活，无奈以前结交的一帮姐妹不容许她的背叛，所以在几次劝说无用后终于动起了手。

我咂咂舌，感觉有些不可思议。

那个喜欢的男生，就是季初你吧？连徐音这种叛逆的女孩儿都愿意为你改变自己。大概喜欢上一个人，最后都会变得不像自己吧。

下课后看到你来找我的那一刻，我就猜到你肯定是来质问我的。我的第六感一向很准确，你果然开门见山地问我："昨天徐音怎么会受伤？"

我看着你熟悉的眉目，在心里临摹着你曾经的模样。季初，我们明明没有分别多久啊，可是为什么我觉得你变得那样陌生？

"不知道。"我只能给你这三个字，因为我确实不知道她是怎么受伤的。

你皱着眉头看我一眼："天蓝，你到底怎么了？好像很不喜欢徐音，她有做对不起你的事吗？"

"没有。"我还是丢给你两个硬邦邦的字。

然后你说："天蓝，徐音是我喜欢的女孩儿，不管她变得怎样，我都喜欢她，所以你别说一些乱七八糟的话给她听。"

我一开始还不能消受你说的这些话，细细想了一次便觉得有些讽刺。我笑着对你说："季初，你怕我在背后乱嚼舌根子抹黑徐音吗？你高看我了！"

你动了动嘴唇，最后什么也没说。走了几步后又转过来对我说："上次答应带你出去吃饭，有空就去吧。"

我努力睁大眼睛，怕一眨眼，泪水就掉下来。这给一巴掌再赏一个甜枣的做法最让人讨厌了。

季初，以前我曾经想过，要是你碰到一个喜欢的女孩儿，我是一定会笑着祝福你的吧。现在想来，那时会如此的豁达，是因为你还没遇到一个喜欢的女孩儿，我也一直以为我们会在一起。所以当这一天到来时，我才觉得有些不能接受吧。

就好像，一直捂在胸口的宝贝，在某一天突然不见了，而我竟然不知道它是怎么丢失的。

在这场不见天日的暗恋里，我惶恐不安，我是如此的患得患失。

5

于焕然自从结束病假回学校后我几乎每天都能看到他。

他高二，我高一，我们不在同一个教学楼，可是我每次走到教学楼下都可以看到他顶着一张笑得比阳光还灿烂的脸对我打招呼："嗨，小蓝子。"

我通常采取的做法就是视而不见，转身就走。这时他就会像只小狗一样跟过来，说什么"天气很好呀""我们找个地方谈谈人生理想吧""你要去某某地方吧，刚好我也要去呢"……忍无可忍，无须再忍。我终于抛出撒手锏："喂，我说，你喜欢我吧？"

没想到他很爽快地回答道："是呀。"

我只是微微有些错愕，然后几乎不假思索地答道：

"可我不喜欢你。"

"无所谓，反正喜欢只是一个人的事。"于焕然说得很轻松，他微微凑近我，眼睛直直盯着我的眼睛，"你喜欢季初，可他不是也不喜欢你吗？小丑怪。"

小丑怪？这个称呼！原来这个世界真是小呀，兜兜转转遇到的总是那些人。怪不得他一早就知道我的名字。没想到这么多年过去，我早已忘了他的样子，他却把我记住了。

"好伤心。好歹小时候也曾因为叫你小丑怪被季初揍了一顿，你怎么就把我忘了？"

"是呀，谁叫你还是和小时候一样讨厌呢。"我摇头叹气，表示很无奈。

"死丫头。"于焕然作势举手要打我头，我连忙往后一躲，然后就看到季初你和徐音手牵着手迎面向我走来。

这个场景映入我的视网膜时我的第一个动作就是转身走人。而于焕然却扯住我，声音低低缓缓地说："小蓝子，有点儿出息。"

我咬牙瞪了他一眼，他兀自笑得很是漫不经心。然后我就看到徐音看到我的第一眼就要松开你的手。

你也看到了我，对我微微一笑，只是左手，还是紧紧握住了徐音要松开的手。

一个不想让我太伤心，一个想让我把事实看得明白些。你们俩一唱一和，倒也绝配。

徐音看起来没受到多大的伤害，整个人还是美好如斯。我对季初你笑笑，开玩笑说："秀恩爱也要分场合吧，别太明目张胆了。"

于焕然后来有一次对我说："小蓝子，那天你知道你像什么吗？一个考了99分然后看到老师夸奖一个考了100分的孩子。明明差那么一点儿呀，为什么老师就只夸奖他？同理，你一定会想，我明明没差徐音哪里呀，为什么你就不能喜欢我？"

他说这话时我们在学校附近的奶茶店喝奶茶。我咬着吸管愣愣地看着于焕然，感觉有句话真是说对了，旁观者清。

于焕然说完看我还一副发怔的模样，坏笑着凑近我，近到我能看到他黑色瞳孔里倒映出的我。他说："怎样？有没有被我的人格魅力所蛊惑，交我这样的男朋友可是很划算的。"

我脸不红气不喘地推开他，懒洋洋地吐出三个字："陈世美。"

他一愣，反应过来又很无辜地为自己辩解："别怪我花心，只是我太帅了。"

我露出一副很嫌弃的样子。宁可相信世上有鬼，也别相信于焕然这张臭嘴。

可是不可否认，因为于焕然，我的确多了一些欢乐。不过这可不能告诉他，这个给点儿阳光就灿烂的自恋狂。

6

日子依旧平平淡淡安安静静地流淌着。日复一日，就算生活有多乏味我们也哭着笑着一天又是一天。

还是可以常常看到你，季初。看到你戴着耳机听音乐的样子，看到你投篮跃起的样子，看到你牵着徐音走过林荫道的样子，看到你偶尔会露出我熟悉并且喜欢的微笑的样子。我终于知道开学时为什么会觉得你的笑容变得愈加温暖好看了，原来是因为碰到了一个喜欢的女孩子。

很庆幸，你的身边有这么一个人，多遗憾，那个人不是我。

6月底是徐音生日，你约了一帮同学到KTV唱歌，包括我，还有于焕然。6月的天空就像婴儿的脸，我们要出发时天空明明晴朗得像一幅蓝色水彩画，到了KTV却下起了大雨。

一到包厢大家都放开了大吼大叫，争先抢着麦克风，气氛炒得火热，外面的雨声根本浇不灭这热情似火的空间。徐音今天穿得多好看，一身水蓝色及踝长裙，一头长发松松地挽成一个髻，倚在季初你的身旁笑得恬静淡然。而季初你，也轻轻搭着她的肩，小声地说着什么。

我眼睛看着点歌的屏幕，开了一罐王老吉又喝了两罐雪碧。于焕然在一旁煽风点火：“想要借酒浇愁是吧？可惜这里没有酒你再怎么喝那两人还是甜蜜蜜的。你给我有点儿骨气行吗？"

我不搭理他。浑蛋，少说话没人当你哑巴。

正当大家把气氛哄到高潮时，突然有人吼了声："季初，今天既然是徐音的生日，还有那么多人在，告个白给我们看看呗。"

有人起哄，有人揶揄，有人怂恿，大家都闹成一团。我看到季初你的嘴角扬起一个好看的弧度，径直走到点歌台，点了一首王力宏的《唯一》。

> ……Oh baby
>
> 你就是我的唯一
>
> 两个世界都变形
>
> 回去谈何容易
>
> 确定你就是我的唯一
>
> 独自对着电话说我爱你
>
> 我真的爱你
>
> baby
>
> 我已不能爱你多一些
>
> 其实早已超过了爱的界限……

唱得真好听呢季初，比原唱还好听。可我却坏心眼儿地想，你唱错歌词或者跑调吧，这样，我或许就不会那么难过了。

眼睛酸痛得厉害，我知道我要哭了，我矫情了。我甚至跑出包厢后直接就冲到雨里去，倾盆而下的大雨浇湿我全身时，我还在想，我终于也言情了一把。

我的眼睛也在不停地冒雨。我一边走一边想，想七岁那年你背着我时背部的温暖，想起七岁的天空和你眼中藏着的那抹蓝。想起你说："天蓝，我会保护你的。"

可是如今那个少年，却对着另一个女孩儿说："你就是我的唯一。"

最后你还是把我骗了，季初。

你不会再保护我了，我也不相信你了。

淋雨的第二天我发烧了，躺在宿舍里喝着你让徐音带给我的退烧药。

你不能来女宿舍，所以对着电话骂我："昨天这么大的雨还敢跑去淋雨？要逞强的话就要有本事别让自己遭罪啊。难受吧，活该！"

我有气无力应着你："是是是，我活该，那我可以挂了吧，我要睡了。"

你还在念叨着："那些药要按时吃，下次要让我看到你一副病怏怏的样子，小心我抽你。"

我的眼眶很没出息地泛红，然后急忙挂掉你的电话。徐音递给我一杯热水，她说："这场病要快点儿好，好了，身体就会轻松多了。"

我睡了一觉后醒来发现天已经黑了。舍友给我打了一盒饭，吃了几口就接到于焕然的短信。

"小蓝子，你知道吗？如果他喜欢你，不管你多坏多糟糕，他都会视你如珍宝，如果他不喜欢你，就算你再好再了不起，对他来说也不过是个过眼即忘的路人甲乙丙丁。他不喜欢你，就仅仅只是你不是他想要的那个人，并不是你不好或者别的什么原因。最后还想说一点，我其实吧，不花心的，挺靠谱的。"

我对着屏幕小声骂了句"白痴"。突然想起我淋雨的那天，于焕然一直跟在我身后，我走了多久，他就跟了多久。

我把他发的信息重新看了一遍，打了个电话给他："要是你能在我数三秒后跑到我宿舍楼下，我就可以考虑考虑。一，二……"

岁 月 如 歌

岁 月 如 歌

偷光者

1

在我八岁那年，我还在念小学二年级的时候。有天夜里，你打电话给她，叫她离开他。她不愿意，与你起了争执。

那天夜里，我看见你点了人生中的第一支香烟。你被烟呛着了，咳了好几声，却咳出了眼泪。

那个时候，他和她已去了北京，开了一家茶叶店，许久都未回来。

两年后，他败光了带去的所有钱，无奈只好回来。写了保证书，说会和她断绝一切来往。你相信了他，你原谅了他，继续和他一起生活。

在我九岁那年，我还在念小学三年级的时候。有天夜里，你和他带着我和姐姐、哥哥去听讲座。夜里九点，我很困。你便只带着我回家。

在离家不远的巷子里，你被劫匪用铁棍敲破了头，鲜血直流。我害怕得一句话都说不出来，脚也不听使唤，动弹不得。

劫匪从你的脖子上硬生生扯下金项链。你牵着我，往家里跑去。我听见你撕心裂肺的哭声穿透寂静的巷子。

在那之前，我以为只有小孩儿才会如此撕心裂肺地哭出声。

你原本就胆小，我不敢想象，当时的你，在这样寂静的巷弄里，被一个男人当头一棒，又从你的脖子上硬生生扯下项链，身边只有一个九岁不谙世事的我，你那时心里到底有多害怕。

跑到家里后，你跑去打电话，我站在门内，看着大门好久，才去关了门，然后打了个寒战。

你哭着打电话给他，含糊地说了始末。我看见有源源不断的血沾湿你捂在伤口的手指。后来，他带你去了医院，叫了你妹妹来照顾我。

我望着你离去的方向，眼睛眨都不敢眨一下。

之后，这件事就恍若昨天的事一样，一直在我脑海里。

在我十岁那年，我还在念小学四年级的时候。有天

少年的你是破浪而去的航船

夜里，他很晚才回来。我不记得你们是因为什么而打了起来。

我只记得，还在睡梦里的我，听见身旁的姐姐一遍又一遍的哭着哀求他："爸爸，别打了。爸爸，别打了。"

我的睡意还未散去，我也起来，哭着喊："爸爸，别打了。爸爸，别打了。"

那时候，我看见他将你的脑袋往地板砸了几下。那里，有你曾被劫匪打出窟窿的地方。他到离去，也没看我和姐姐哀求他的姿势。

那个时候，我就知道，他若是打起人来，一丁点儿都不会心疼。

2

在我十一岁那年，应该是读小学五年级的年纪，你带着我去上海找他。他怕我跟不上上海的学习进度，又给我报了四年级。

他在学校附近租了个小房间给我和你住，以生意为由住在另一个地方。刚开始，每个星期都会来一次，也会给你一些生活费。到后面，他开始一个月来一次，后来好久好久才来一次。刚开始，他会在我们这里过夜，可后来，只是来一下就走。

没来的这期间，他没给你什么生活费，你省吃俭用，我从不买玩具，才艰难地熬到他再来的日子。

他离开的时候，你在后面跟着他。你说，他走的方向不是他住的方向。你说，他肯定也给她租了个房子，他一定是去她那里了。那时候，我毫不在意，也不以为然。

事实证明，聪明的女人，是不幸福的。

事实，就是如你所说。他给她租了个两室一厅的租房，可我们住的却是一个连厕所都没有的单间房。他三天两头就去她那里一次，而他却半年都不来我们这里一次。

那个时候，我打电话和他说："爸爸，我告诉你，红颜祸水。"

他笑着说："哦，我知道。"

在我十二岁那年，读小学五年级的时候，你终究是和他离了婚，他只给你十万块。那个时候，整个家里，只有你我他知道这件事。

你回了老家，我被他接去她那里。

他说，他带我去他的一个朋友那里。刚开始，他还是和我睡在一个房间里。后来，哥哥来了这里，他便和她睡在一个房间里了。

那时候，我怪哥哥为什么要来。

我在厕所偷偷地接你的电话。她在门外喊我，我流着泪骗你说："好奇怪，最近家这边有个人的名字和我一样。"

她来学校接过我几次，后来，就有同学问我，她是不是我妈妈。

那个时候，我臭着一张脸，对那个同学说，她不是我妈妈。

3

在我十二岁那年，读小学五年级的时候，你带着姐姐又来了上海，在离我学校不远处又租了个房间。

那个时候，你们离婚的事已经是众所周知的。我和哥哥每周六都会到你那里吃饭，那时候，我就开始想念你做的饭菜。

你再也没去学校接过我。见过你的同学都问我你去哪儿了。我骗他们说，你回老家了，还没回来。

有一天，他因为她打了我。我躲在房间里，偷偷打电话给你。你问我怎么了，我只是说："没事儿，就是想听听你的声音。"

后来，她的儿子女儿也陆续来了。那个时候，哥哥就教我怎么打小报告。那个时候，我就知道，人不为己，天诛地灭。

在我十三岁那年，读小学六年级的时候，也许是受了偶像剧的影响，我很早就有了喜欢的人。他是我们班的班长，模样清秀。后来我们恋爱了，尽管那时候我才十二岁。

那个男孩儿成了我的初恋，也是我迄今为止爱得最刻骨铭心的人。

后来，我们分手了。我因为他哭了一整个冬天。

冬天还没有完全离开，我们又开学了。放学的时候，校门口有卖烤地瓜。我想起十一岁的时候，他与你一同来学校接我放学。隔着窗玻璃，我看见他穿着厚厚的羽绒服，含着淡淡的笑意看着我，手上拿着还在冒热气的烤地瓜。

你们离婚后，我就开始抗拒有人来接我放学。我看着别人家的孩子，能对来接他们的人笑得像花朵一样，我的心却在滴血。因为我知道，我再也不可能对来接我的人，笑得像朵花一样。

在我十四岁那年，他又一次因为她打了我。像当年打你那样打我，一点儿都不心疼。那时候在我小拇指留下的"八"字伤疤，已淡去左边的那一撇，只剩深深的"1"字疤痕。

我从没告诉他，刚开始几年，我若是去按那伤痕，里面还是会隐隐作痛。

哥哥因为你们的事，开始叛逆不念书。而我，因为她的讽刺，用最好的成绩打她自己的脸。

那一年，他因为她，又败光了所有的钱。

4

在我十五岁那年，我带着还是"八"字的伤疤，被他送回老家读中学。那时候，我住在爷爷家。

刚开始爷爷奶奶对我很好，我只是洗个碗，他们就夸我懂事勤奋。后来，洗碗这件事再也不能满足他们，我开始给他们打扫房子。后来，打扫房子也不能满足他们，他们说我不会煮饭，每天就像狗一样等着吃饭。

那时候，吃饭是我一天最难熬的时候。我忍受着他们在吃饭的时候对我一遍又一遍的数落，我忍受着他们日复一日的指桑骂槐。

我记得，那时候，每当我回到自己房间，我做的第一件事，就是哭。

那一年，我也点燃了我人生中的第一支烟。

在我十七岁那年，我在你的帮助下，搬到了你闲置许久的房子。后来，你也从上海回来，照顾了我一段时间。

在11月的某一天，你披上大红色的衣服，嫁入豪门。在那之前，我天天与你闹矛盾。我想，如果我再闹腾一些，你也许会因为放心不下我，而放弃那个人。

可是，在你出嫁前夕，我们背对着彼此躺在同一张床上，你突然转过身来，抱住我，问："你会不会理解妈妈啊？"

那时候，我的泪水即刻就哗哗地流下。我依旧背对着你，轻声说："嗯。"

然后，你才安心睡去。

而我，在寂静的夜里，不敢出声哭，泪水沾湿了我的枕头。最终，我在泪海里睡去。醒来的时候，你已嫁入豪门。空荡荡的房间只剩下我。

后来，在夜里我听到外面有脚步声，我都错以为那是你。我以为门外的那个人会转动我们家的门锁。

我竖着双耳，屏着呼吸，给我的只有寂静无声。

这样反反复复后，我才相信，你是真的走了，再也回不来了。

于是，我就开始了漫长的一个人的生活。

5

在我十八岁那年，我考进了一中，开始了我的高中生活。他终究是认清了她的真面目。她在他一无所有的时候，搬光了家里的所有东西，嫁给了上海老头。

他独自一人在上海又苟延残喘熬了一年。

在我十九岁那年，他回来了。一回来就提出要我搬去和他一起住，我拒绝了。我早已习惯了一个人的生活，我喜欢这样的自由。尽管有些时候，我暗自觉得孤独。

后来，他通过朋友认识了一个女人，开始和那个女人

少年的你是破浪而去的航船

谈恋爱。他拿那个女人的照片给我看，问我会不会像她。那时候我才知道，他从来就没有放下她。

我曾无意间看到他与网友的聊天记录。他说："她是他这辈子最爱的女人。"

她其实是他的初恋，他们初中的时候就恋爱了。

我知道他爱得深刻，所以我从来没有怪过他。尽管他做了种种错事，尽管他伤了我们一家人，尽管我们这个家已经被分离得四分五裂，尽管我们每一个人都被伤得体无完肤，我也从未怪过他。

后来，我妥协了，我答应与他们一同生活。

因为他说，"你现在不跟我们住，以后哪里还有机会和我们一起住：等你读大学之后，就开始一个人住了。"

今年，我二十岁，马上就要高三了。我只想抓住我现在所能抓住的。

你现在和那个男人过得很平淡，相敬如宾，举案齐眉，你说你现在很好。他现在和那个女人每天笑着吵吵闹闹，不分你我，开着玩笑，他说他现在很好。

其实，我们一家五口有没有在一块儿都无所谓。只要你过得好，他过得好，我们就是在一起的，永远都是一体的。

你总是说"嗨"

易红梅

"嗨。"你总是说，"嗨。"

我记得刚到七班时，你也对我说："嗨。"这个"嗨"让我记住了你，清瘦、干净、美好。是的，美好、那种感觉就是美好、像极了你的名字，顾安好。

顾安好。我记得，你上课喜欢背一只小闹钟来，放在桌子上。你说，看着时间滴答滴答走的时候，就会鼓励自己要努力。

"万一闹钟突然在上课时响怎么办？"我问你。你笑笑，然后说："嗨，这个不可能。"于是，趁你上厕所的时候，我把你的闹钟调了。那节数学课上到一半，你的闹钟突然叫了起来。后排睡觉的同学突然惊醒，往教室外冲。

你的闹钟顺理成章地被没收。"赎回"的方式是让你为班上的同学做一件好事。好可爱的惩罚方式。你只好照办。

你做的好事就是为全班同学唱歌，唱阿牛的《桃花朵朵开》，你说你也有一颗和阿牛一样的小虎牙。歌唱得，真的，很难听啊。这哪算好事啊，简直要人命。所以，全班同学一致打分，不合格。

你悄悄来问我："嗨，季呈末，你说什么才算好人好事呢？"

"比如说，帮人背书包，替人做作业，给人买零食，等等等等。你选哪种？"

还没等你开口，我便把书包递过去，说："选背书包吧。"你呵呵地笑笑，以为这是个轻松的活儿，但当你接过书包那刻就后悔了。你大喊："季呈末，你的书包里背了石头吗？"

第二天数学老师来调查结果。只有我嗖地站起来为你说好话。你的闹钟算是赎回来了。为了感谢我，你答应为我背一个月的书包。

"嗨，好家伙，你是故意捉弄我的吧。怎么你的书包一天比一天沉。"你说。

你没想到，一个女孩子，竟然会看那些大部头的书。你问我："季呈末，你将来是要研究它们吗？你以后要当女博士吗？"

我点点头，你说，真厉害。

是的。我想我毕业以后一定要考一所好大学，把我喜欢的书全部读完。想想，那是多么美的事情呢。

我记得，你的书包里，不装书，装的全是零食。全是给我的。因为，你看到我每次吃早点都仅仅只吃一个馒头。我不要，你却说："那你帮我写作业。"这样的威胁，谁受得了。我只有接受。

很熟了。见到我。你还是会说："嗨，季呈末。"每次放学，都是你骑车，我走路。你总是说："嗨，季呈末，我载你。"我没坐过男生的单车。所以，我拒绝了。你很失落，只好在我身后丁零零丁零零地摁着车铃。

有一天，你的闹钟突然又在数学课上响了。这次最后排的同学依旧揉着眼睛站了起来，然后问："几点了。"这次数学老师极为生气。他招招手，你的小闹钟再次被没收，而且明确告诉你，这次不仅仅是做好人好事这么简单。这次属于噪声扰民，要罚款。

下课后你从数学老师办公室出来时表情很凝重。

我问你："怎么样？"你回答："不怎么样。"

我问你："老师怎么说？"你回答我："没怎么说。"

好像是过了十多分钟你才回过神来说："怎么办啊？季呈末，我问老师要罚多少，他说罚我为班上买一盆花。"

"那很好办啊，买就是了。"

"关键是，我现在没钱了。"

"你不是一向都很有钱的吗？"

"我的钱，我的钱都……"

我才反应过来，你的钱，多数是变成零食了。

你看着我。"你想跟我借？"

"不是啊，我想问一下你，怎么才能赚到钱。"

"不会吧，在我国不准用童工的。"

"我说真的。"

我想了想，给你出了一个很好的主意。于是，全校的老师同学都知道了这样一件事情：七班的顾安好同学下课后就满校园捡饮料瓶。为此，你得到了校长的表扬。在升旗仪式完了之后，校长当着学校那么多老师和学生的面表扬你。

你可算是歪打正着。

你用自己卖饮料瓶子的钱，大概是十五块吧，买了一盆龙舌兰。很拽地放在讲台上。老师让全班鼓掌。你站起来说："承让承让。"

不过，因为这些掌声，你的成绩往上蹿了十多名，被评为那个年度的优秀生。

见到我，你笑着说："嗨，季呈末，谢谢你。"不过你还说，也正是因为我，你现在走到每一个地方，眼睛都会盯着那些角落里的饮料瓶不放。

不过，你并没有引以为戒。你的闹钟，在数学课、语文课、英语课以及其他各种课上全响了一遍。除了体育课老师没有没收过外，其他老师统统没收过，你也被冠以"闹钟小王子"的称号。

　　每次被没收，你都来求我，而且语气都一样，表情也类似："嗨，季呈末，这回又要麻烦你了……"每次都是我帮你想办法赎回小闹钟的。

　　我曾问你："为什么一定要背着闹钟上学呢？"你说，闹钟是你爸送你的，你爸说那只闹钟是你还小的时候有一次圣诞老人送来的，告诉小朋友要珍惜时间。于是，你把他当成宝贝。一直带着。真笨！中国哪有圣诞老人啊？！

　　整整三年，你的小闹钟叮叮铃铃，陪着我们整整三年的时光。高考后，我没有再跟你联系。

　　路过精品店，我看见你的那种小闹钟了。我忘了告诉你顾安好。你上课时突然响的闹钟，有一半是我故意调的。只是，想让你来找我，想看你听我的话之后的样子。

　　如今，你会在哪里呢。

　　时间的迷离淹没不了一切，但足够让我怀念一生。

　　"嗨。"你总是说，"嗨。"

城上木兰花

初　四

放了辣椒的五花肉

体重秤上的数字游动几下，蓦然停在"65"，陌陌的眉头轻轻一皱。

她低头瞅瞅肚腩上的两个"游泳圈"，用手指戳了戳，看到白皙的皮肤上突兀的红色印痕，最后只是幽幽地呼出一口浊气。

"陌陌，洗手吃午饭。"母亲的大嗓门儿从厨房内传来。陌陌应了一声，把体重秤塞到床底下。她的眼睛瞥到床底最边缘的那个上了锁的旧铁盒，扶着床边的手僵硬了一下，表情有些孤寂。

"陌陌……陌陌……"

母亲的召唤一声一声传来，陌陌的脸色已经恢复如常。

　　陌陌甩掉手上的水滴，见到饭桌前的一碗五花肉，胖胖的脸颊溢起两朵红艳的花："妈，我不吃肉。"

　　四十多岁的女人探出头，挥着勺子嚷道："兔崽子，你也想学外面那些小姑娘减肥吗？像根竹竿都不知道要补多少营养才能补得回来。快吃，趁热吃。"

　　女人抹掉额上的汗，两鬓的黑发已经染上了岁月的颜色——银白如雪，她眼角的皱纹掩盖了女人年轻时的娇柔妩媚。

　　那皱纹是什么时候在她不留意的瞬间已经住在了女人的脸上？陌陌想了想，也没有想出答案。

　　岁月的刻痕就是在我们不经意的瞬间，完成了雕刻的礼葬。然后那些沟壑随着年月慢慢崩坏，到最后年老得无人熟识。

　　陌陌把大碗里的白饭和五花肉搅匀，看着满满快盖过白饭的散发着香气的肥瘦均匀的五花肉，鼻子一酸。

　　她大口大口往嘴里塞，口腔里全被大块大块的五花肉占满，梅菜、辣椒混杂在一起，引起胃里的一阵翻滚。

　　"妈，你这次又放多辣椒了。辣得我眼圈都红了。"陌陌想。

八岁期望十五岁

陌陌还有一个月就十五岁了。在她还只是八岁的小萝莉时她曾经在圣诞节许过一个这样的愿望：

希望快点儿到十五岁。

父亲问她为什么，陌陌就用两只小胖手捂住嘴巴，不肯透露只言片语。父亲笑她傻妞，陌陌粉嫩的小脸上只是咧出一个大大的笑容，扑到父亲暖暖的怀抱里。

在她八岁的记忆里，那件深绿色的皮大袄，清爽熟悉的沐浴露香味，还有那双粗糙却温热的大手，都成为陌陌无比珍贵的宝物。

只是现在，她想念的那个高大、挺拔、木讷的男人，就在不远的地方，却不能常常相见。

如果我长到了十五岁，就是大人了，我就能嫁给爸爸，和妈妈一起照顾他。

童真的童梦，陌陌现在想来还是觉得好笑而心酸。

原来十五岁还只是个孩子，距离成为大人还有好长好长的路。十五岁的我们还得面临很多很多的试卷和考试。

初三学习的日子苦闷压抑，距离中考倒数还有一百天。

陌陌在做完一张又一张的数理化试卷、填满语文的作文格子、听了一大堆没有感情无比公式化的英语磁带后，总会把目光移出身侧的蓝绿色玻璃窗，外面一束束开得正艳的木兰花在灿烂的日光里随风飘荡。

　　紫红的花瓣映入陌陌寡淡孤寂的眸里，总能给她继续坚持握笔的勇气。

　　而这时，她就会低声呢喃出宋祁的一首古诗：

　　　　东城渐觉风光好，
　　　　縠皱波纹迎客棹。
　　　　绿杨烟外晓云轻，
　　　　红杏枝头春意闹。
　　　　浮生长恨欢娱少，
　　　　肯爱千金轻一笑。
　　　　为君持酒劝斜阳，
　　　　且向花间留晚照。

　　陌陌特地去图书馆翻了一本又一本的古诗集，一句一句地咀嚼着诗里的解析，一遍比一遍欢喜。

　　让她阴霾的心情绽放了初晴，虽然微乎其微。

　　但是，在她压抑得快喘不过气的日子，她一遍一遍地汲取这首诗里的力量，让自己一次一次快抵达压抑顶峰时坚强地挺了过来。

就像窗外的木兰花汲取阳光，她汲取勇气。

陌陌把这首诗规整地抄写在一张漂亮的信纸上，小心翼翼地贴在房间那张快湮没在书海里的桌子上。

每次去见父亲的时候，陌陌都会站在这张信纸前，手握成拳举到胸前，在心底不停地给自己加油打气。

"这次陌陌不能哭！绝对不能再哭了！"

深深的指甲痕

第二次的市调研考试成绩在星期六放榜。陌陌觉得星期六早晨的天空是灰色的，大雾的。

陌陌坐在教室的角落，头重脚轻，手脚冰凉，嘴唇哆嗦。同桌阿骆惊讶地叫道："陌陌你脸色好差。"

前桌的同学也回头，关心地问她需不需要去校医室，陌陌只是轻轻地摇摇头，笑着让她们不要担心。

陌陌低下头，用手拍拍自己两颊，直到脸上出现火辣辣的痛觉。

陌陌不要怕！这次考试一定合格的！

老师的黑色皮鞋声从楼道那边远远就能听见，"咚——咚——"，那声声的脚步仿佛握着镰刀的死神，一下一下地向着陌陌激烈跳动的心脏狠狠划入。

头皮发麻，虚汗淋淋，陌陌还能在如此情况下分出一丝残念，想着现在的自己一定奇丑无比。

年轻的男老师西装革履，给这个有些吵闹的教室染上几分沉重。他手上握着一张总成绩单，从一进门陌陌的视线就紧紧地落到上面，眼睛仿佛被胶水粘到了那张薄薄的纸上一样。

"成绩单从第一排开始往下传，看完的同学在成绩后面签上自己的名字……"

老师的声音很快就淹没在教室里，学生们炸开了锅，第一排的同学手上的成绩单好比一块鲜美的肉排，抑或一片金叶子，吸引着所有的人。

有些耐不住性子的男生和女生大着胆子跑到前排在看成绩单的同学的位置上踮起脚尖、伸长脖子不断察看。考得好的同学舒了口气，笑着拍着同伴的肩膀，考得坏的同学神情一下子塌了下来，只是涩涩地有一搭没一搭地和身边的人互相鼓励。

陌陌坐在位置上，看到平时一个非常努力勤奋的女同学掩面哭着跑出了教室，在那一刻，她内心的惊恐蓦然消失得干干净净。

不是不害怕，只是害怕也毫无用处，已经过了害怕的范畴了。

轮到陌陌签字，她的食指在第一个同学的名字前慢慢地、缓缓地一个一个往下，寻找属于自己填着名字的那一格，那排密集的数字。

她像个等待法官宣判的小人物。

38号，"梁陌陌"三个字突兀地横在她漆黑的瞳孔里。

短小肥胖的手指顺着名字那栏静静地缓慢移动。那排黑色的数字像咒符似的深深地印在陌陌空白的大脑里。

食指的指甲重重地压在"梁陌陌"这个名字上，压出一个深深地痕迹。

陌陌鼻子一酸，有冰凉的液体在眼眶打转，她却只能定定地坐在那，手紧紧地握着圆珠笔，一笔一画地签下无比沉重的三个字。

星期六真讨厌，都没有了阳光。

陌陌抬头仰视着天花板那架老旧的，沾满灰尘的，发出"吱哑"声响却还在缓慢旋转的电风扇。

陌陌站在一家装修简单，有着黄色外墙的宾馆前，一会儿左脚踩右脚，一会儿右脚踩左脚，就是没力气往前。

守门的保安大爷对着陌陌挥手喊道："陌陌，怎么不进去找你妈妈？"

陌陌拉了拉袖子，点了点头，也不管保安大爷是否看到，就像只受惊的兔子般蹿进了宾馆大门。

陌陌从拐角走进了楼梯，一路没有迟疑地上了四楼，就看见了一个佝偻而熟悉的身影。

"妈……"

少女清晰柔软的嗓音回绕在楼梯里。

佝偻着背，正在整理被套、收拾垃圾的女人脱下口罩颇为惊讶地回头。

　　"陌陌你怎么来这里了？"

　　陌陌看着母亲不赞同的眼神，瞳孔暗沉了一下，她用手抓了抓书包的背带，说道："今天……学校发了成绩单……"

　　母亲只是轻轻地"嗯"了一声，戴上口罩转身弯腰继续收拾垃圾。

　　她自顾自地把一个又一个瓶子"啪嗒"压扁后扔进黑色的大塑料袋里。

　　陌陌看不清母亲的表情，也猜不透母亲的想法。

　　她该是对自己又失望了几分。陌陌黑色的眸子染上一层薄薄的雾气。

　　"我很快就收拾完这些，等等就能回家。唉……"疲惫的声音夹杂着一声叹息回荡在这个窄小的空间里，最后消弭开来。

　　陌陌抱着书包，坐在转角的楼梯道口边缘。

　　扶手的石块把母亲和她隔成两个世界。

　　"咳咳……"

　　母亲一声一声压抑的咳嗽窜入陌陌冰凉的胸口，喉咙哽塞发不出声。

　　陌陌把自己深埋在双膝下，在阴暗潮湿的楼梯道上，在咳嗽声里，无声地泣鸣。

烟波蓝的星期天

母亲提着装满瓶瓶罐罐的黑色大塑料袋沉默地走在前面。陌陌抱着菜篮子默默地尾随其后。

"妈，我想星期天去看一下父亲。"陌陌有些紧张地开口。

母亲的脚步顿了顿又继续往前。陌陌低头看着她和母亲的影子叠合在一起，在黄昏的映照下拉得老长老长。

当晚临睡陌陌也没有得到母亲的回答。她捂着被子，有咸湿的泪水打湿她稚嫩的脸颊。

那晚，她觉得她做了一个漫长的梦，梦里有温暖熟悉的手安抚着孤寂的自己。

星期天的早晨，母亲早早就去上班了，饭桌上盛着满满都是肉的大碗下压着几张面额很小的零钱。堆放在阁楼的黑色塑料袋已经不见了踪影。

默默地把钱攥入手掌心，陌陌抱着饭碗一口一口吞咽着碗里鲜美的五花肉。

陌陌从11路公交车下来，抬头望着医院门牌上的数字"411"。她拉紧书包背带，呼吸几口新鲜空气，熟悉地穿过一条条林荫小道，来到荒芜寂寥的大院角落。

走廊很长，灯光暗淡，一扇扇窗户紧锁着，窗外又另辟出一个一个独立的小院落。

陌陌停在第二扇深绿色窗前，眼睛直直锁在院内玩耍的人群里，紧张地略过一个个陌生的人，视线最终落在一个正站在水龙头前洗脸刷牙的消瘦苍老的男人身上。

她紧紧地捂住嘴巴，不让自己呼出一点点声响。

护士提着饭盒进到院子里，招呼着男人过去，不知道护士对男人说了什么，男人接过饭盒后蓦然地望向窗口的方向，紧张地搜寻着什么。

只是窗外什么都没有。

空空的长廊。

男人提着温热的饭盒有些踉跄地回到窄小暗沉的房间。

陌陌蹲在窗下，紧紧地捂住嘴巴。她偷偷地探出一点儿头，焦急地在那个暗沉的房间里寻找男人的身影。虽然只能看到男人半个身子，但是心里已经无比开心。

爸爸，对不起，现在我们还不能见面。陌陌想。

医生说过，精神病人情绪起伏不定，暂时不能受到刺激，不能让爸爸见到她们。陌陌反复告诫自己，压抑自己渴望相见的欲望。

陌陌坐在地上，把背包取下打开，从里面掏出一张一张的试卷。

"爸爸，妈妈和我都很好。不过她太爱给我吃肉了，明明自己还吃剩饭剩菜，我胖到同学都笑我了，为什么她不自己吃多点儿肉呢？爸爸，你快点儿好起来，然后帮我吃肉，给我和妈妈煮好多好吃的，爸爸，你要快点儿好起来。"

"市调研试卷出来了，我跟你说哦，我语文英语都考得很好，老师都夸我了……只是……爸爸……我数学还是不及格……我明明很努力了……"

少女轻轻的、哽咽的说话声在寂寞的长廊挥散成空气里的粒子，慢慢地无声无息地消失。

陌陌抱着试卷，在无人的长廊，无声地流泪。

冰凉的泪水跌落在冰冷的地板上，化成一朵一朵透明美丽的花。

长廊转角的角落里，两鬓发白的女人缩在阴影里，捂着嘴唇，只有低低地呜呜，晶莹地泪水浸湿了她布满沟壑的脸颊。

因由与成长

八岁前是段快乐的时光，十二岁后，那些美好的画面撕裂成一地的碎片。

父亲回乡下参加奶奶的生日，几天后，陌陌和母亲蓦然地接到乡下的来电。

父亲做了个梦，叫奶奶叔叔按着他写的号码去买奖，说一定会中的，但他自己却硬是买了另一组号码。开奖后，奶奶叔叔们获得了三等奖，而父亲突然就精神失常了，一个人跑到马路上自言自语，谁也不搭理，不吃不喝也不肯回家。

大家都不知道发生了什么事，父亲就是那么突然地疯了。

奶奶曾劝过陌陌的母亲："你……以后不要给孩子她爸太大压力。"

噩耗击溃了原本平静的生活，掀起一层层波澜。

母亲握着手机，站在大门口既委屈又心痛地哭泣，刚脱下的鞋子也忘了摆放到鞋柜里，一直紧紧地提在手上。

十二岁的陌陌还不太懂这个电话的到来意味着什么，她只知道，妈妈的世界好像崩塌了。

母亲抱着她，一直一直地哭，最后，母亲抹掉眼泪，换了一身衣服，脸上是坚毅的表情。

破茧成蝶。

陌陌第一次被母亲带去411，经过荒凉的大院落，她的瞳孔里一片恐惧。

她不明白父亲为什么被锁到小院子里，和一堆不认识的叔叔住在一起。

母亲压着她的头，蹲在窗下。

母亲说："不能让你爸爸见到我们。"

陌陌笑了笑，什么都不懂，只是懵懂地遵照母亲的话。

她趁着母亲和医生说话的间隙，跑到静寂的走廊尽头，趴在第一扇窗上，好奇地打量窗里的那个独立的小院落。

窗里有个长发的女人，她坐在石凳上，镜子摆放在石桌前，握着梳子慢慢地梳着长长的浓密的黑色长发，然后莫名地对着镜子笑。

陌陌后来才知道，那就是精神病人。父亲其实和那个梳发的女人毫无差别。

陌陌牵着母亲的手，一步一步走出那条静寂的长廊，荒凉的大院落。

她回头，童真的眸里只有天真烂漫。

后来长大一些，才从母亲那里知道了关于父亲病发的一些事。陌陌有时会想，如果可以回到八岁，她一定会重新许个愿望。

她希望爸爸和妈妈都好好地陪着她。

城上木兰花

陌陌十五岁的生日，收到了一份特殊的礼物——一张父亲做着打气动作，笑得灿烂的相片，背面还有一笔一画郑重地用钢笔写的一行字：

祝我们的女儿考上心愿的高中。爱你的爸爸

陌陌紧紧握着这张相片，喜极而泣。

母亲抹掉眼角的泪痕，笑骂道："傻妞。"

陌陌抽出床底的旧铁盒，小心翼翼地把相片珍重地放到盒子里，看着盒里一叠父亲以前写的千奇百怪的励志名言，陌陌"扑哧"笑出声来。

那个星辰满天，吹着柔和暖风的夜晚，陌陌缠着母亲说了一夜的话。

"你爸也是个笨蛋，给他带的荔枝全分给了其他人。笨蛋一个……"

陌陌缩在母亲温暖的怀抱，不知做了什么美梦，唇角微扬。

"爸爸最温柔了……"

少女无意识地呢喃，飘荡在悠远的天际。

女人笑了笑，轻轻吻上女孩儿的额头。

木兰花要经过严寒酷暑、风吹雨打才长出细嫩的根茎，然后汲取温热的阳光，开出小小的花苞。紫红色的花瓣装满了力量后，在晴朗的蔚蓝天空下，华丽绽放。

长在城上的木兰花啊，你比别人看得到更多美丽的景色。

如果你在微笑

兜念念

书上说，男女生之间是没有纯友谊的。

于是你反驳说，你和我这坚固的纯友情正是建立在你对我的嫌弃之上的。

我想，世界上最嫌弃我的男生一定就是你，尹洛铭。

其实说得通俗点儿，你不就是仗着我喜欢你，才敢把我这么一株根红苗正的小花朵贬低得一无是处吗？

所以，我常常暗自发誓，如果有一天我不喜欢你了，你再敢说我个子矮不苗条脸大胸小，试试！

可惜的是，我似乎始终舍不得让这一天到来。

1

假如时光能够倒退到我初识你的那一天，我一定不会让自己以彪悍的形象在你的生命中第一次登场。

假如我能够预知到自己会不可救药地喜欢上你，我一定会事先打理好自己乱糟糟的卷发，然后穿着淑女裙漂漂亮亮地出现在你的面前。

那样的话，结局会不会有所不同？

但是，现实却不给我们任何假设的机会。

现实就是，在陈小北这个麻烦精给我打电话说"宁萌萌你快来KTV接我"之后，我就立刻像训练有素的士兵一样以光速飞奔下楼，马不停蹄地跑了五条街，然后气势汹汹地冲进KTV包间，扛起倒在地上像滩泥般的男生，吭哧吭哧地走出了包房。

其间，有女生试图打断我一气呵成的动作。她惊声尖叫着："喂，你要干什么？这是我男朋友！"

我连看都懒得看她一眼，头也不回地说："闭嘴！这还是我男朋友呢！"

估计她这种良家少女没见过什么世面，眼睁睁地看着我扛着比我高了足足一头的男生走出了包房。我用余光瞥了下包房里其他人的脸，大有"壮士你走好"的神情。

就这么扛着个庞然大物走了一条街，我终于有些体力不支地将背后的男生放了下来。

我忍不住一边弯腰喘着粗气一边抱怨："陈小北，你个混蛋，你该减肥了你！"

然后，特别惊悚的一幕发生了。

一个不属于陈小北的声音响了起来，带着掩藏不住的笑意："第一回见到有人这么理直气壮抢别人男朋友的。"

我觉得脊背一凉，僵着脖子望向声源，便看到你这张陌生却好看的脸。

我发誓这一定是我这辈子最尴尬的时刻。

更尴尬的是，我还神经错乱地问："陈……陈小北呢？"

你的眼神因为醉酒而有些迷蒙，搔了搔头，笑得特别腼腆可爱："我……我也不知道。"

你有双不大但是很明亮的眼睛，笑起来会弯成月牙状。你就这么一眨不眨地对着我笑，简直就是在赤裸裸地卖萌勾引我啊。我试图让自己从你的笑容中挣扎出来，充满歉意地说："对不起啊，我认错人了，我还要回去找我朋友，咱们一起回去吧。"

"不要。"你很直接地拒绝了我的提议，耍赖般耸耸肩，"你这么把我拖出来，我回去怎么跟我女朋友说啊？我女朋友肯定不要我了，你是不是得对我负责啊？"

"那我跟你回去跟你女朋友说清楚，这样总可以吧？"

"不要。"你再次决绝地拒绝了我，然后口齿不清笑眯眯地说道："我就要你对我负责。"

我揉了揉太阳穴，看了看你半睁着的双眼，几乎可以确定你是喝醉了。

我拍拍你，语重心长地说："哥们儿，我说你……"

可是还未等我说完，你忽然倒在了我的肩膀上。

也许是那晚的星空太美，我看着不知是昏迷还是熟睡的你，竟然有些心动。你睡觉的时候嘴角微微翘起，好像小钩子一样把我的心勾走了。

2

而我真正喜欢上你，大概是在台球室的第二次见面。

那天放学后，陈小北扯着我陪他去打台球。确切地说，是扯着我让我看他打台球。

说到陈小北，他和我就是传说中的青梅竹马。因为我爸妈今天出差了，所以晚上我得去他家蹭饭吃。

当我百无聊赖地坐在一旁玩手机的时候，忽然有人拍了拍我的肩，抬起眼，便看到你明媚的笑脸。你居然还记得我。

不知道为什么，只要看到你的笑，我就会心情大好。

你露着小白牙问我："怎么光在这儿坐着呢？跟我玩两局啊？"

我摇了摇头："我不会打台球。"

"别跟我开玩笑，你这么爷们儿，怎么可能不会打？"你满脸的难以置信。我撇撇嘴，在心里默默地抹了一把辛酸的泪，你到底是把我想象得有多么彪悍啊？你若有所思地摸摸下巴，探询地问道："你真不会打？那你跟我过来，我教你啊？"

我看看玩得不亦乐乎完全把我抛在脑后的陈小北，点了点头："行啊，你教我吧。"你详细地告诉我拿杆的姿势，但是我望着你认真的侧脸，竟然有些失神。

我学着你的样子拿着球杆摆姿势，却始终有些偏差。你叹口气，不耐烦地放下自己手中的球杆，走到我身后，两只手覆在我的手上，摆弄着我不灵活的手指。你这种近似于从背后抱着我的暧昧姿势让我大脑忽然一片空白。我似乎只闻到你身上带着的淡淡烟味，其他的什么都想不了。

我僵硬着身子正不知如何是好，脸上的温度一升再升，陈小北就特别煞风景地出现了。

他说："哎，你俩干吗呢这是？"

你放开我的手，朝陈小北客气地笑笑："这是你女朋友？"

未等陈小北回答，我忙不迭地否认："不是不是，我跟陈小北就是普通朋友。"

陈小北意味深长地看了我一眼，满眼洞悉。顿了顿，问："你是什么时候把尹洛铭逮到手的？"

我恶狠狠地瞪他，正要开口解释，你却一把搂过我的肩膀，又一拳打在陈小北的胸口："你说什么呢！我跟宁萌萌就是哥们儿，懂不懂？就上刀山下火海能两肋插刀的那种！”

后来，我才明白你口中所谓的哥们儿，就是要我为你上刀山下火海然后你为了别人插我两刀的那种。

3

深夜，月色如水，有零散的星光点缀在暗蓝的天空中，像是一粒一粒的砂糖洒在一匹柔滑的绸缎上。

手机一阵震动，我皱着眉从睡梦中清醒过来，看到手机屏幕上跳跃着你好听的名字。

我一个激灵像是被人泼了一盆冷水般立刻清醒了过来，清了清嗓子，保持到最佳状态，声音甜美地接起了电话："喂？"

那边的你似乎是在网吧，隐约可以听到网游里厮杀的声音。

你说："萌妹子，出来陪我吃夜宵啊？我请客。"

你知道的，你的任何请求我都不会拒绝。于是我忍着倦意，然后将自己打理得一尘不染地陪着你去了路边的烧烤摊。

我笑笑地对着店主说："能多辣就加多辣。"

你一脸的崇拜，冲我戏谑地竖起大拇指："真汉子！"

我毫无温柔地在桌子底下踹了你一脚："谢谢夸奖。"

彼时，我和你已经熟稔得仿若哥俩好。你无聊的时候我陪你侃大山，你玩游戏的时候我为你当炮灰，你饿的时候我给你送饭，你渴的时候我给你递水。

你也曾经说过："宁萌萌，如果哪一天你从我的生活中消失了，我一定会不习惯的。"

所以我也以为，我于你，是特殊的存在。

酒足饭饱之后，你跟我勾肩搭背地在马路上走着。不胜酒力的我已经头脑发昏走路不稳了。然后我含糊不清地叫着你的名字，蛮横地拉住你的手。

你没有说话，也并没有拒绝我。你温暖的手掌轻轻包裹着我的手。我惊喜地以为我们可以就这样顺理成章地在一起。于是我说出了最不应该说出的话。

但是，覆水难收，已经说出的话同样无法收回。

如果可以，我想收回说出的那三句话。

第一句是：尹洛铭，我好喜欢你。

第二句是：我不想当你的哥们儿，我们在一起好不好？

第三句是：以后一定不会有人像我这样对你好了。

我像是一只向你乞讨的哈巴狗，摇着尾巴等你丢一块骨头给我。你用复杂的眼神望着我，却用轻描淡写的语气说："宁萌萌，我和前女友和好了。"你的语气淡然得仿佛在说"今天天气很好"一样，在我的心上给予钝重的一击。

我忽然失语。

我想挤出一丝微笑对你说句"恭喜"，但是发现根本无法做到。

4

你口中所说的前女友，便是之前在KTV被我无视的小美女。

她有个和你一样好听的名字，叫夏纯。

陈小北告诉我，她是隔壁学校的校花，成绩优异家境富裕，当初你追她的时候花费了很多心思。但是自古红颜多祸水，她的公主病比较严重，你与她分分合合很多次，始终藕断丝连着。

听到这些消息，我的自卑感油然而生。样样不如夏纯的我，你怎么可能会喜欢？

我埋怨着陈小北："你怎么不早告诉我这些？早知道这样我也不会自不量力地去喜欢尹洛铭了。"

"告诉你你会听吗？我还不了解你，脾气倔得像头牛。"

我讷讷地无言以对。

陈小北说得没错，我总是坚持着不该坚持的，执着着不该执着的。我和你的故事始于错误的开始，所以必定不会终止于正确的结局。

这样说来，退出你的生活然后与你老死不相往来，或许才是最好的。

但是你却似乎并不打算让我在你的世界里销声匿迹。

凌晨五点，天刚破晓，

你打来一阵夺命连环call。我的心软又一次害了我，我摁下了接听键，声音故作冷漠："有事吗？"

你的声音还是原来那么低沉好听，语调轻快地说："宁萌萌你出来，我在外面呢，好冷，你给我拿件衣服出来。"

我有些疑惑："你在外面干吗？"

你停顿了几秒钟，老老实实地回答："今天夏纯艺考，我陪她在外面呢，谁知道早上怎么这么冷。"

我很想说"你冷关我什么事"，但是话到嘴边，我又硬生生吞了回去。我轻轻叹了口气，"那你等着，我管陈小北借件衣服给你穿。"

在陈小北鄙视的眼光中，我拿着衣服走下楼，看到你和夏纯手挽着手站在一起，禁不住感叹：你和她真是天造地设的一对贱人，哦不，璧人。

我承认我嫉妒夏纯，因为你喜欢她。

但是当我看到她的第一眼，我就知道，我完败了。

她有着一张巴掌大小的瓜子脸，肌肤胜雪，眼睛又大又圆，所以看起来既妖娆又清纯。她的身材高挑，还穿着细跟的高跟鞋，几乎与一米八的你平齐。而我踩着平底的帆布鞋，耷拉着脑袋，身上是松松垮垮的蜡笔小新睡衣，有些挫败地站在她面前，竟然连端详她的勇气都没有。

平时你就总嘲笑我是小不点儿。而此时此刻，一米六的我站在一米八的你面前，恍然觉得我和你的距离不仅仅是二十厘米。

望着多日不见的你，我居然不知道该说些什么。

你欲言又止地看着我，眼神流转，波光潋滟。

我想了想，最终装作平静地说："我上楼了啊。记得有空把衣服还给陈小北。"

说完，我便头也不回地跑上了楼。

陈小北恨铁不成钢地瞪着我，好像我是上辈子诛杀他九族的仇人一样。

他说："宁萌萌你傻啊，尹洛铭这样不是摆明了在玩你呢吗？你还在这儿扮什么痴情女子啊。"

我扁着嘴："我也不想这样啊，可是……我不知道怎么办。"

陈小北望着我的模样，似乎也不忍再说我，只是温柔地说："你自己看着办吧，只要你自己不觉得遗憾就好。"

5

我一个人郁郁寡欢地在街上走，天气很炎热，每个人都行色匆匆。手机忽然一阵抽风般地震动起来，我接起电话，你的声音清晰地传来："宁萌萌，我刚才好像看到你了。"

我失笑："怎么可能？"

你的声音带着孩子般的顽皮："你转身，我就在你后面。"

"尹洛铭，你别逗我了。"

"宁萌萌，小傻子。"电话那边的你声音充满宠溺，话音刚落，我便感到肩膀被你重重一拍。

我的内心是掩饰不住的欣喜和激动。而此时此刻，我也终于明白，我对你的感情早已完全不受我的控制。那种忐忑、不安、紧张的感觉，是别的男孩子不能带给我的。

像是蛰伏许久的委屈随着温度的升高而发酵，我的眼泪骤然落下。

也许你看惯了我一向的彪悍，突然对我这样的梨花带雨装柔弱有些不适应。你的语气满是慌乱："宁萌萌你怎么了？别吓唬我啊。"

我像丢了糖果的小孩儿一样啜泣着，狠狠咬着嘴唇，几乎快要咬出血："尹洛铭，以后，我们不要再见面了。"

"说什么傻话呢？"你不解地问我，"我们不是好朋友吗？"

我极其不淑女地用袖子抹着鼻涕眼泪："我跟你才不是好朋友！要么你跟夏纯分手，要么你跟我在一起，就这么两个选择。"

你的脸顿时皱得像个包子一样，温声软语地劝我：

"你别这样好不好？"

"尹洛铭我讨厌你！"我像是被恶魔附身，声音大得惊人。

既然会让我失望，又何必给我希望。

你微微颔首："宁萌萌，我不会放弃夏纯，但是我也不想你离开我。"

"你怎么可以这么自私？"我失控地吼出来。

你过来拽我的胳膊："别耍小孩子脾气了，我们还像以前一样好不好？"

像以前一样？

像以前一样勾肩搭背临街喝酒吗？

像以前一样事无巨细地关心你吗？

像以前一样，为了你的夏纯，我忍着生理痛代替她跑八百米长跑吗？

对不起尹洛铭，我已经做不到了。

我以为我可以伟大到不停付出不奢求回报，我以为只要我很认真地喜欢一个人，他一定会被我打动。可是，原来爱不是单方面一直给就成立。

6

接下来的很长时间，我真的狠下心没有再联系你。但是，也许是上辈子我跟你有什么孽缘，你总是在我将要忘记你的时候，又如鬼魅般出现在我的世界里。

　　放学之后，你懒洋洋地倚在学校的门口。我故意无视你般从你身旁经过，你却伸出长长的手臂将我拦住，声音带着不同以往的霸道："宁萌萌，跟我走。"

　　我努力抑制着内心的悸动，冷冷地问："有什么事吗？"

　　你不等我拒绝，气场强硬地拉过我的手，在众人瞩目下拽着我走向我们常去的小饭馆。

　　你问都不问我，直接点了我们都爱吃的菜。你正襟危坐，一脸严肃地看我。而我被你的这些举动吓得手足无措，刚刚伪装的冷漠立刻瓦解，反倒有些紧张，好像做错事的人是我。

　　你细细地看了我良久，就在我怀疑你是否要在我的脸上看出个洞来的时候，你终于淡淡地开口："我和夏纯分手了。"

　　语气淡得就像一开始你告诉我你和她和好时的一样，甚至听不出你的情绪。我的心跳停顿了一秒，然后我笑了："那又怎么样？"你歪了一下脑袋："你要不要跟我在一起？我觉得我好像有点儿喜欢你了。"

　　我往杯子里倒了一杯可乐，盯着可乐的气泡慢慢慢慢消失，不置可否地问你："尹洛铭，你知道我喜欢的颜色吗？"

　　你明显一愣。

我接着问："你知道我喜欢看的电影吗？"

你有点儿不明所以，眼睛里满是迷惑。

我喝了一口可乐："我们似乎很熟，但是如果你真的喜欢我，你为什么不尝试着真正地去了解我呢？其实，我们根本就不了解彼此，对不对？"

你嗫嚅着嘴唇，似乎想说什么却又说不出口。

我继续说道："最开始的时候，我很恨你。恨你的贪婪，恨你为什么有了喜欢的女生，还要霸占着我对你的好。后来，我才明白，当我恨你的时候，我自己却也做着我讨厌的这种人。"顿了顿，我直直地望着你闪烁不定的目光，"很久之前，我就知道陈小北喜欢我，可是我一直选择着逃避——和你一样，但是我又舍不得让他离开。我才终于明白了你对我的情感究竟是怎样的。"

我平稳了一下气息，但依旧掩饰不住声音中的颤抖："我知道，你不喜欢我。所以在一开始你才只是愿意跟我当哥们儿，我用了好久的时间，才肯承认这个事实。"

"不是这样的……"

我打断你的话："别说了，我不想说了，谢谢你今天来找我，谢谢你说你有点儿喜欢我，见到你我很开心。"

我起身，对着你微笑："也许我们还是好朋友。"

永远不会再见面的好朋友。

其实，我没有告诉你一件事情。那晚你喝醉酒拥抱我的时候，夏纯给你打了电话。我瞄到你手机上显示的名字是"老婆"。于是我好奇地用自己的手机给你打了电话，我看到上面显示的是单薄的三个字"宁萌萌"。

我想，我的心就是在那一刻冷掉的。

哀莫大于心死。

最后，我背对着你挥挥手，说："再见了，尹洛铭。"

7

后来，听说你又和夏纯和好了。你们之间的问题本来就不大，无非就是夏纯的公主脾气有些任性，但你们彼此都喜欢着对方，所以你们还是很恩爱。

后来，我在电影院还看到过你和夏纯。你们坐在距离我几排的前方，我看到你对着她笑得很温柔。你眼里的光芒璀璨，是面对我时不曾出现的闪耀。

我忽然泣不成声。

我和你的距离，从来就不是这中间的几排距离。我曾经那么努力奔赴过你，可是你却从不曾回应过我。

也许不久之后，你就会忘掉我吧。

或者，当你想起曾经有个那么傻的我喜欢过你，你会不会像我初遇你般那样微笑？

最爱辜负少年时

让我像勿忘草一样

八　蟹

1

卷子发下来，你在老师讲解时突然大喊："老师，我这题没错你给我看错啦。"老师疑惑说："是吗？"只见你立马用笔涂涂改改然后高举卷子笑嘻嘻地说："你看，没错吧。"滑稽的动作引得全班哄堂大笑。那是四年级，没有心机纯粹得像天空蓝的年龄。我坐在你的斜后面，笑看你的手舞足蹈，一看，就是一年。

五年级，学校改革，五六年级从两个班级分成三个班，你分到了一班，而我在三班。学校旁那条回家的斜坡，坡顶可以观望整个学校。好多个黄昏，我都和朋友坐在那儿，你穿着蓝色条纹的单薄长袖，瘦瘦的，从教室门口走出来，嘴里还咬着白色雪糕，脸上的笑容愈发明亮。

六年级，我拿着一张同学录从三楼追你到一楼，气喘吁吁地问你为啥不收。你说不知道要写什么。有些失望地告别，以为留不住关于你的细枝末节，回家的路上意外遇见你。你靠在墙上，看见我便朝我走来，笑着伸出手说："给我吧。"是什么改变了你的想法？我不知道，只是愣愣地从书包拿出那张与他人都不一样的同学录递给你。你笑起来的样子很好看，脸颊上有两个很深的酒窝，露出齐齐的牙齿，眼睛弯弯的。

同学录上你没写什么太有意义的话，留言只有一句："希望你能考上一个好大学。"但我的小心思却在渐渐暴露，我会站在二楼的走廊上看在操场上打球的你，也许你发现了，就害羞地躲在你的好朋友林阳身后，我就转身离开了。

你怎么那么害羞？

2

明目张胆地关注你，但没有说过喜欢，年少时的好感太脆弱，也怕受到伤害，本只想做普通朋友偶尔看看你就好。一次去上学在校门遇见你，你一见我居然就马上别过脸了。我长得很可怕吗？这样的情景不是第一次了，可是我却万般气愤。我昂首阔步，决心断掉这份淡淡的情。

　　我再也不去看你打球，遇见你在你还没跑之前我先跑，既然你这么不待见我，我也不稀罕出现在你面前啊，我赌气地想。

　　原本以为这短暂的追逐要告一段落了，生活却给了我特别的惊喜。一周后我和蓝心出校门正要回家时，你拦住我们的路笑嘻嘻地说："陶宛，一起回家啊，顺路。"我很吃惊。

　　其实根本算不上一起回家。你边骑自行车边和林阳聊天，我和蓝心在后面慢慢地走着。不知道你们在讲什么，我和蓝心围绕的话题是你。蓝心说你很奇怪，前段时间还视而不见，现在又跑过来，不知道你葫芦里卖的是什么药。我连连点头。

　　我觉得你不会喜欢我，五年级的时候你在追一个女生，她是那种特别乖的女生，读书也很好。虽然也有人说我长得很乖乖女的样子，但我觉得不是，乖乖女怎么会喜欢上你这样吊儿郎当的男生？所以当林阳偷偷告诉我你说我很可爱时，我还是坚持我的想法。而且奇怪的是，那时我一点儿也不希望你和我告白，为什么呢，说不清。

　　你对我的好感好像也越来越明显，有次放学回家的路上看见一棵树上长着桑葚，我随口说了句"好想吃"，没想到第二天你就带了一袋的桑葚给我，我看见你手臂上的刮痕，那是你爬树时弄伤的吗？我不敢问，甚至有些不敢接受你的礼物。

等我长大很多年后我仍然很不相信在一个女生喜欢又放弃一个男生之后，那个男生会回头追逐。或许小学时的我们太青涩，谁也不会去想大人的世界是否有这种事发生，我们所有的举动都在听心走。

3

　　我忘不了那个黄昏，林阳说你有事找我，我的害怕到达一个极点，我看见你从远处正向我走来，竟然拔腿就跑。那时运动细胞很发达，我一下就甩你老远，刚放慢脚步想喘口气时我听见你紧随的脚步声。我脑袋有些混乱，想都没想就跑进了一个从没走过的小巷。

　　我刚跑进小巷，突然有一群恶狗从一户人家门口冲出来，不停地吠叫。我生来极怕狗，当时的反应就是大叫了一声然后蹲在角落瑟瑟发抖。

　　我看见你跑进小巷，毫不犹豫地冲到我面前面对着那群恶狗。狗吠声越发地猛烈，有只狗慢慢地靠近。当它已经咬住你的裤脚时我险些吓晕。幸好这时狗主人出来，呵斥住狗，让我们快走。我起身时脚已经麻掉，是你扶着我一步一步走出那个可怕的地方。我下意识地低下头看你的腿，那一刻我真的很想哭。

　　你应该也吓坏了，我看见你悄悄用手擦掉额头上的虚汗，你的脸色也比平时更苍白。

少年的你是破浪而去的航船

你站在我面前时一句话也没有说，可是你的背影却好像在说：别怕，我会保护你。

4

我在日记里写道我们在一起了。

怎么在一起的呢，是恶狗事件的第二天，还是放学回家的路上，朋友给你创造告白的机会，让我们单独先走，原谅我，我又想跑了。可是这一次你没让我得逞，你抓住我的手腕，一字一句地说："陶宛，我喜欢你。"你说这话时很认真，眼睛闪着光芒，我惊讶得说不出一句话。你小心翼翼地问我："你喜欢我吗？"我低着头很久没有说话，你放开了我的手。你走的时候我大脑才反应过来，追上你。"喜欢。江一泓，我喜欢你。"我看见你本来还是愁云的脸在那一刹那绽放了会心的微笑。

那时的爱恋单纯得不行。没有拥抱没有牵手，我们只是一见到对方就一直笑，一起回家一起聊天，有时坐在你没有后座的自行车前横杆上，心脏狂跳。

我们四个一起去了我家附近一户人家旁的沙地埋东西。没有小说里那么浪漫，埋装了纸条的玻璃瓶，我们埋的是——弹珠。挖一个很深的坑，每扔下一颗弹珠前都先许一个愿望，一起低下头许愿。你们都闭了眼，就在大家都默默许愿时，在我对面的你凑过来偷偷地看了我一眼，你真可爱，可惜你没想到我是睁着眼的，于是像被人发现小秘密似的，你缩回脑袋闭上眼乖乖地许愿了。

我们许了同一个愿望，就是希望初中时能在一个学校，在我们的小岛上只要有城市户口就可以抽签去三所公立学校中任意一所，所以我们很有可能在一个学校，只是一切还得看缘分了。

你对我的喜欢我都能感受到，我说喜欢男生戴帽子，第二天我看见你骑着车在校门口晃悠，头上戴着一顶黑色的帽子，你腼腆地笑，问我好看不。我一直笑，好看。

你真的是好看的男生，高高瘦瘦，皮肤很白，平头，五官很端正，笑起来有清风的味道。

周一的清晨我刚到学校就被你拉到一楼的楼梯口，我有些莫名其妙问什么事这么神神秘秘，你在大家的起哄声中卷起左手的袖子。

我捂住嘴没让自己叫出声。你的手臂上，竟然刻着我的名字，是圆规那种尖笔刻下的，一笔一画，那么清晰，还能看到有些鲜红的痕迹，林阳说那是昨天下午你刻的，我不知道该用什么样的心情面对这突如其来的惊喜，只是觉得，你的喜欢好深。

穿短袖的季节很快就到了，我的名字还亮堂堂地印在你的手臂上，太容易看到了。我问你怎么办，你想了想，摘下脖子上的围巾，从手腕开始捆，直到遮住我的名字。后来我在远处远远地望向操场，都会看到那些细细白白的手臂中，有个男生的手上飘扬着鲜艳的围巾。

5

这段最真心也最纯净的爱情，却被我亲手打破了。

我喜欢上了另一个男生的笑容，我一直没和你说，不敢。我成了女版陈世美。你还是那般模样，我却心照不宣，每每看见你的手腕，我都觉得愧疚。

分开的话甚至没当面说，是蓝心代说的。不知道你会是什么心情，你不知道的是我对那个男生的好感只是短暂一瞬，我们分开后他向我表示好感时我拒绝了，我是喜欢你的，分开的原因还有一个，是有次你送我回家被我妈看见了，她怀疑我谈恋爱，所以在事情还没露馅儿时，我必须斩情丝。但我不否认，也必须承认，我变心过。

我一直愧疚于你，我无法估量这件事在你心里烙下的印记的深度，但我们已经分开，你有更好的未来，我只是一个陈世美。

2008年，我们毕业。暑假时学校抽签，我抽到了一中，特别开心，因为那是岛上最好的中学。我不知道你抽到了哪所，我希望我们不是一所，因为我害怕面对你。

2008年9月1日上午八点，一中初中部大门大开，一群毛娃娃蜂拥而入，班级名单贴在进门的右边，初一教学楼的左墙上。我挤进人群里，开始寻找自己的名字，喜欢从最后一个数上去，从一班看到了五班，终于在五班的名单上找到自己的名字。7号，陶宛。我很兴奋，还好没在九班，不然得数多久呐。可是我的兴奋只持续了短短五秒，在不经意间我瞥到了我以上号数的名字，当我看到3号的名字时，我整个人都僵住了。

江一泓。

我讨厌狗血的小说情节，怎么可能分开又遇到，如果这件事不是发生在我身上，打死我都不会相信我们在一个学校甚至一个班。我们曾经许下的愿望实现了，可是我一点儿也不开心，我很难过，很害怕。

6

本以为初中会是一个美好的未来，后来我发现，我错了。

你是来报复我的。你到处说我的坏话。我本想忍，但你太过分，我气不过，起身把你的书包砸向你，你成功地躲开了，但是你看见我的眼泪没再跑了，只是那么愣愣地看着，你说："这是你欠我的。"

我欠你的，我真的还不起。

是命中注定吧，注定我要承担我犯下的错，注定你来惩罚我，注定我们之间要有说不清道不明的关系，可你是否知道，我是真的很想偿还，却不知该以怎样的形式。

最爱辜负少年时

初二时我们的关系才缓和了一点儿，你不再与我针锋相对，有时会聊聊天开开玩笑，但从来不提那段往事。有次面对面聊天，那时正值盛夏，我看见你的手臂突然问了一句："疤还在吗？"你下意识地缩回了手，我没来得及看清，你低着头说："都过去了。"

我以为我们会以朋友，至少是普通同学的方式和平相处，后来才知道那真的是"我以为"。初二有天和朋友去操场，你突然叫住我，我才刚转身，你居然把你手上的水泼在我脸上。我大叫："你疯了吗！"你朝我大吼："为什么要那么对我，你怎么可以这么恶心，我一辈子都不会忘记你的，我要让你愧疚一辈子！"说完你就走了，留下欲哭无泪的我和莫名其妙的朋友。

7

我尽量不去招惹你，看见你也绕道走，你视我为空气，你永远高昂着头，我永远低垂着头。

初二初三时，已经有很多同年段的女生甚至学妹喜欢你，我不知道你是否有接受，我不关注你，不想再喜欢你，我怕再喜欢你。

时光如同白驹过隙，一晃三个年头匆匆而过，我们站在镜头面前齐齐微笑。

报志愿时回校，好朋友说拥抱一下同学们，她也去找了你。当时你站在教室后面玩手机，她拉着我过去，你很自然地拥抱了她。看见我，你没有说话，只是向我伸开了手臂。三年时间你长得很快，小学时你比我高将近一个头，而如今我站在你的身边还不及你的肩膀。

我犹豫了一下，伸出手抱住了你。

这是我们第一次拥抱。我的头埋在你的胸口，颤抖的声音对你说了三个字：对不起。你没有回答，只是将我抱得更紧了。

初中毕业后听说你没有考上高中，在外面混，后来又良心发现去了外地的学校念书。同学聚会好几次你都没来，只有初三暑假大家一起围在店里吃火锅时你出现过一次。玩真心话大冒险时，你问我现在喜欢谁，恍惚间好像回到了小学时你问我是否喜欢你。我摇了摇头笑着说没有。大家一片嘘声，你笑了，喝下满满一杯的啤酒。

收拾旧物时发现了两张贺卡，一张是蓝心送的，一张你送的。贺卡是打开会响旋律的那种。彼时离六年级已经过去好多年了，蓝心那张打开还会响音乐，而你送的，打开时发出了"嗞嗞"的像是卡带还是没电的声音。是否你的心也是这样，早已忘记那段纯粹又疼痛的时光。

初三时我开始写小说，很多都是关于自己的或是身边的真实的故事，却唯独不敢写和你的故事。因为我怕遭到批判，像我这样的女版陈世美，是不值得你喜欢的。可是我多想再为你做些什么，不只是愧疚，还有，喜欢。

8

很多事情是在初中毕业后才知道的，你的好兄弟林阳，也是我的好朋友，在你离开这个小岛后，告诉了我很多你不为人知的秘密。

三年来你总是不定期地去看我们一起埋弹珠的地方。你不是抽签抽到一中的，而是在得知我抽到一中后，和别人换的签。在双方家长都同意的情况下，这样的换签是允许的，只是你也想不到我们分到一个班了。你拿水泼我也是有原因的。

那时我刚结束恋情不久，在路上遇见你，我似玩笑似认真地和你说："你现在没女朋友对吧，我也没男朋友，我们在一起吧。"

我是认真的，又怕你有压力，就只好用玩笑的口气。你愣了愣，说："考虑一个周末。"周一来的时候你却意外地发现我和那个男生和好了。我不知道你下了多大的决心才决定重新和我在一起，可是还没开始，就毁在我手里了。所以你才那么生气，你喝烈酒，头晕去老师办公室倒水喝，恰巧看见去操场的我，于是你追上我，把水泼向了我。

可是你对我多好，初中时有一个男生骚扰我，后来他再没出现，我以为是幸运，如果不是林阳告诉我是你去找了一群混混教训他，让他远离我，我可能永远不会知道你在背后做了多少默默保护我的事。你初中是交了很多女朋友，可是，"江一泓交过的每一个女朋友身上都有你的影子。"林阳说。

小学时写的日记在你泼我水的那天被我丢进了垃圾桶里，如今后悔不已。据说人的血液七年换一次，七年前的记忆几乎全会模糊直至找不到焦点。可是九年过去了，为什么我全记得。

初中毕业后我进了一所普通高中开始了没有你的生活，日子平淡无奇，身边的情侣们分分合合。高中三年我没再谈恋爱，也没有再喜欢过任何人。朋友问我有没有喜欢的人时我想起了你，鼻子一酸，落下泪来。我告诉她们我喜欢一个人，喜欢了好多年。

从四年级到高三，整整九年。

9

2014年，高三毕业。志愿里我填了哈尔滨的三个院校，那是遥远的北方，与我们的南方小岛几乎是两个极端。很多人问我为什么去那里，一直没说真正的原因。因为你在同学录上写着最想去的城市就是哈尔滨，你曾告诉我你从小就莫名喜欢这座城市，你说如果长大有机会一定要去那里。如今，我想去看看你梦想的城市。

临行前的日子我走了很多地方，小学、中学，把怀念的地方都重新回忆一遍。然后我接到了蓝心的电话，她说："陶宛，一起去看看埋弹珠的地方吧。"

这是我们分开后我第一次来这里，想起那时很多回忆，忍不住叹息。我们边挖土边说话，我告诉蓝心很多想和你说的话。"这么多年我都没有忘记，好几次我都想要告诉他我还是喜欢他，可是我不配，我知道我们再也回不去了。"

蓝心在我对面拍拍我的肩。"其实高中三年江一泓都有和我联系，来之前，他让我转交一封信给你。"我诧异地抬头，蓝心从包里拿出信。"不过他说要我念给你听，你闭上眼睛吧，我念给你听。"我乖乖地闭上了眼。

当声音发出的那一刻我震住了，有眼泪从我的眼角流下。那声音，分明是你。

想了很久还是决定写这封信给你。小学时你总会看着我，我很害羞，起初我也不知为什么会躲着你，后来我才知道，因为我看见喜欢的人会紧张。在一起的日子很短可是也真的很开心。不可否认，我恨过你，那恨就像是刻在手臂上的字，很快就消掉了，虽然还有隐约的痕迹，我却不觉得那是恨了。我从没有像喜欢你这么深刻地喜欢过谁，七年了，我一直忘不了你。我不敢去打扰认真读书的你，只是默默打听你的消息，如

今我们都毕业了，我们已经不是会被反对在一起
的年纪了。我想告诉你，其实只要你一个转身，
你就会发现，我一直都在。

　　我睁开眼，站起来却迟迟不敢转身。你抓住我的手
臂，将我转向你。我忍着眼泪看你，这么多年，你好像变
了很多，又好像一点儿也没有变。

　　你站在我面前，眼底有热泪。我听见你一字一句地
说："陶宛，我喜欢你，你喜欢我吗?"

　　七年前，你问过我同样的问题，现在，你重新问了我
这个问题。

　　我看着你，重重地点了点头，艰难地说出了一句话：
"一直，都喜欢你。"

　　你半晌没有说话，只是眼睛红红的，然后突然抱住了
我，呜咽起来。我也跟着你一起哭。过去我们在一起时都
是笑着的，而这一次，我们却一起哭了。

10

　　你无法想象缘分的力量。

　　兜兜转转了七年，我们还是顺应命运的旨意。

　　在一起。

不能说的秘密

影子快跑

1

这个故事必须在安静的夜里悄悄地说，因为直到现在，它还是一个秘密。

2

故事的开始是一件不能再简单的事，那就是，阿句喜欢秦雨。

这件事只有阿句自己知道，就连跟他最要好的同桌林海，阿句也没有说过。他甚至从来就没有想过要告诉秦雨，他只想让这个秘密，安安静静地埋藏在心里，而不必发芽。

可是突然有一天，事情却变得不能再复杂了。

一节语文课上，林海莫名其妙地凑在阿句耳边说：
"告诉你一个秘密，你千万不能说出去哦。"

阿句把课本竖起来挡住语文老师的视线，点了点头。
林海也竖起课本，压低声音说："我喜欢秦雨。"

阿句愣住了，还没想好怎么回答。林海又说："我想
请你帮我递情书给她。"

"呃……"阿句心里本是斩钉截铁地拒绝了的，但不
知为什么说出来的却是："行啊……"

"好兄弟。"林海拍了拍阿句的肩膀，"那么写情书
这种重任，也交给你这个江南才子了。"

为了掩饰自己的不安，阿句只好答应了。"今晚写
好，明天给我看一下。"最后林海还不忘提醒他，"事情
成功之前，千万不能跟别人说哦。"

阿句点了点头，表情装得很自然，内心却一片空白。
要告诉林海自己也喜欢秦雨吗？绝对不行。帮林海递情
书？傻了吧，要是秦雨真的答应了林海呢……

如此纠结着直到深夜，阿句不得不拿出纸笔完成林海
交给他的任务了。还是把情书写好再说吧。阿句挑了一张
信纸，小心翼翼地撕下，一个人坐在卧室里想了好久，终
于在第一行写下："秦雨同学……"

这是阿句第一次写情书，却是他从来没有这么认真做

过的一件事。写情书时，秦雨的脸仿佛就在眼前。阿句写得很投入，最后的落款他差点儿写成了自己的名字。

3

林海看完情书后大为赞叹："不愧是才子啊，写得深情又自然。"他把信纸重新折好，"那么接下来也拜托你了。"

阿句装作不满地瞟了林海一眼，林海马上嬉笑着说："这个月的早餐，算我的！"阿句淡淡笑道："小意思啦，别放在心上。"林海又拍了拍他的肩膀："好兄弟。"

这一拍让阿句感到心虚。

下晚自修，阿句按原计划把秦雨叫出教室，开口前阿句却变得很紧张，这时他才发现自己平时根本没有和秦雨说过几句话。

"你找我什么事。"秦雨说话时眼睛很亮，长长的头发总是那么干净好看。

"如果……"阿句想问秦雨，如果林海说喜欢她的话，她会怎么做。但如果秦雨不喜欢林海的话，自己就违背了另一个约定——不能在事成之前告诉别人。他只好话锋一转，变成："呃，今晚的英语作业是什么来着？"阿句努力让自己的语气听起来很平静。

“第三课的话题作文。”秦雨说。

阿句点点头：“噢，是喔，谢谢。”

秦雨沉默了一会儿，又说：“没别的事……我回去了。”

“嗯，拜拜。”阿句看着秦雨转身离开，舒了一口气，心里却忐忑不安。昨天晚上翻来覆去一夜后，他还是选择了这个做法。

不能把林海的情书交给秦雨。

说谎最大的麻烦就是，一个谎要用更多的谎来圆。

回到教室后，林海急切地问阿句：“交给她了吗？她有没有说什么？”

阿句吐了吐舌头：“人家还没看呢。”

“也是……”林海低下头，开始收拾东西回家。

“林海，”阿句突然问了林海一个问题，“你觉得秦雨喜欢你吗？”

林海想了一下，说：“我要是有把握的话就不会叫你去递情书啦。”

“那就是不喜欢咯？”

林海一拳砸在阿句肩膀上：“别胡说八道。”

回到家后，阿句从衣兜里掏出折成心形的情书，看了几遍，又把它折好，藏到了抽屉最底部，并且上了锁。

4

过了三天，秦雨还是没有回应。林海急了，问阿句："你说秦雨这是什么态度，是不是拒绝我了……又或者，她是不好意思拒绝？不行，我要问她一下。"

"千万不要问。"阿句慌忙劝他，"……连等待的耐心都没有，这样可能会让她觉得你不够喜欢她。"

"那……好吧。"林海说，"再等几天。"

阿句又不知所措了，他还没有想好下一步该怎么办。万一林海等不及去问秦雨的话，自己可就露馅了。

阿句左思右想，觉得事到如今只有一个办法，代替秦雨给林海回信。

虽然要模仿秦雨的笔迹很难，但大大咧咧的林海，应该不会从笔迹里发现破绽。

三天后，阿句把"秦雨的回信"交给了林海："果然是学霸的回答。"

上面写的是："对不起，我只想好好学习。"签名太难模仿，所以阿句省去了。

只有十个字的回信，林海没有再看第二遍，他只是很失落："果然她不会喜欢我啊。"

阿句内心却是煎熬不已，他竟然这样欺骗自己最好的兄弟……林海失落的表情，总是让阿句感到巨大的罪恶感。但为了两人之间的友谊，阿句不得不继续把这个秘密保守下去。它就像阿句心里的一颗炸弹，而引信却握在林海和秦雨手中。

5

收到回信第二天的语文课上，林海突然对阿句说："我真是大笨蛋。"

阿句竖起课本看着他，林海又说："从一开始请你帮我送情书就是一个错误。这很可能会让秦雨觉得我连亲口表白的勇气都没有……所以，我要亲口告诉秦雨，我喜欢她。"

林海的语气表明他的态度不容动摇。

阿句没有回答。炸弹上的引信，一触即发。

阿句很后悔，他不知该怎样把这个谎言继续编下去，把秘密继续埋藏在心中。

如果让林海知道自己欺骗他的话，他以后都没脸跟林海做朋友了；如果向秦雨坦白的话，她肯定会认为自己是个胆小鬼，说不定会因此恨死他。阿句想来想去，大脑都快要崩溃了。

他甚至觉得，喜欢秦雨，本来就是一个错误。

但是，连喜欢一个人的勇气都没有，才是不折不扣的胆小鬼啊。

阿句的秘密，需要他自己来守护。

于是他找到了秦雨，把林海拜托他递情书，到自己代替她回信的事，都一一告诉了她。唯独没说出口的是，阿句喜欢秦雨。

听完阿句的话，秦雨沉默了好久。阿句发现她的眼睛里装着泪水，这让阿句手足无措。他感到内疚，但没想到会伤害了秦雨，连道歉也变得语无伦次："对、对不起……我、我……都是我的错……"

秦雨用手背擦干眼泪，眼睛红红的，她看着阿句，说："我会帮你保守秘密的。"但这并没有让阿句感到如释重负，他的头埋得越来越低，不敢看秦雨，这个时候似乎连说"谢谢"都很可耻吧，阿句羞愧不已地想。

"可是……"秦雨问他，"你为什么不愿意把林海的情书交给我？"

终于还是要面对这个问题。

为什么？答案很简单，可阿句就是说不出来。这时似乎连风都停止了，风也在等着阿句的回答。

"因为、因为……"阿句吸了一口气，抬起头，声音却有些颤抖，"因为我也喜欢你……"

风继续吹，吹起了女生脸上的一抹绯红。

"对、非常对不起……"阿句就像一个承认了自己"罪行"的犯人，正在等待着审判。

"不用道歉，"秦雨慢慢低下头，声音变得很小，"我很开心，谢谢你喜欢我。"

6

后来林海还是亲自找到了秦雨，约定下课后在教学楼背后等她。秦雨知道林海的目的，但她答应了替阿句保守秘密。

林海离开教室的时候阿句偷偷跟在他的后面，虽然这样做很不好，但他真的非常想知道，秦雨会不会拒绝林海。

林海和秦雨站在教学楼尽头转角不远的位置，藏在转角另一边的阿句刚好能听到他们说话。

林海的语气非常真诚："秦雨，不知道你拒绝我是不是因为觉得我没有勇气，所以现在我要亲自告诉你，我喜欢你。"

秦雨支支吾吾地说："不是这样的……我，其实……我有喜欢的人了。"

秦雨有喜欢的男生？感到惊讶的不仅是林海，还有转角另一边的阿句。

"原来如此……"林海叹了一口气，却有点儿不甘，"可以告诉我他是谁吗……"

秦雨沉默了一会儿，林海又说："我一定会替你保守秘密的。"

"是……阿句。"秦雨说。

林海很吃惊，阿句更是觉得不可思议。阿句怎么也不

最爱辜负少年时

会想到，秦雨也有一个秘密，并且是，一个和阿句同样的秘密。

"竟然是那个小子！"林海不可置信地吼道。

"嘘……请你千万不要告诉别人，尤其是阿句……"秦雨说，"我想好好读书，所以不能让别人知道。"

"嗯，我一定会替你保守秘密的。"

说完林海和秦雨一起笑了……

接下来的内容不太重要，阿句也记不清了。但是当秦雨说出她喜欢阿句的时候，阿句仿佛觉得，心里那颗秘密的种子，似乎拥有了某种力量和勇气，突然发了芽。

他和秦雨共同守护着同一个秘密。阿句为此感到得意。

7

故事的最后，一切都还是它原来的样子。

林海终于从他的"失恋"低谷中走了出来，阿句的内疚感也渐渐释怀，两人依旧在课上有说不完的悄悄话。秦雨还是爱学习的好学生，她跟林海和阿句都成了无话不说的好朋友。所有人的秘密都埋藏在青春的泥土里，却生机勃勃地沐浴着阳光。

故事到此为止了。请一定要替他们，保守这个美好的秘密。

因为这个秘密，也属于你们每一个人。

最爱辜负少年时

倩倩猪

1.我逃的不是课，是青春

又是一个空气干燥的周末，我和段晨曦在一家舞蹈培训班里练习拉丁舞。

段晨曦是那种长得漂亮跳舞还很刻苦的女孩子，我由于刚来这个班被舞蹈老师夸过底子不错，是个学舞的料，于是每次就算没那么认真也跳得比她好。

我和段晨曦都喜欢拉丁舞，加上两家住在隔壁的天时地利，从小志同道合的我们好像比其他朋友更聊得来，经过了时间的打磨，友谊可谓坚不可摧。

段晨曦在音乐的引导下，踮起脚尖翩翩起舞，那样子美极了。

我站在最后一排，趁老师没注意我们这个方向时用脚尖轻轻地踢了下段晨曦的小腿肚，段晨曦惊恐地偏过脑袋不安地问："周梦欢，你干吗？"

我压低了声音，一脸嗫嚅地说："我要逃课。"

"你要去哪里？"段晨曦说完这一句就被舞蹈老师发现了，老师很生气，后果很严重，只见她指着段晨曦的手臂厉声喝道："段晨曦，你想干吗啊？你看看你，说了多少次手臂要弯曲，你伸那么直是想学僵尸吗？"

段晨曦委屈地停下了脚步，低着头不讲话，老师见状更加生气了，示意全班同学都可以休息一下，她看着段晨曦说："你再跳一遍我看看。"

音乐起，段晨曦老老实实地跳了一遍，这次老师平静了很多，声线明显有了婉转之势，她苦口婆心地对段晨曦说："知道为什么让你重跳吗？"

"知道。"

"上课讲话本来就不对，跳舞有什么不懂的要主动问老师，不可能每次都让老师主动去发现你们的问题，班上二十多人，我也不可能每个人都盯着对吧？"舞蹈老师本是大大咧咧的性格，她最受不了的就是有话不说，有问题不提，到最后她发现问题时难免生气。

段晨曦被老师批成这样，我心里自然有愧，于是走上前去佯装肚子疼："老师我今天吃坏了肚子，可不可以提前下课回家休息？"

老师一向喜欢我，点了点头。

我换了衣服，走之前小声在段晨曦耳边说："姐妹儿，今天算我对不起你了，改天请你吃饭补偿。"

段晨曦立马喜笑颜开："你说的，不许反悔。对了，你这么早回去干吗？"

"秘密，晚上告诉你。"我做了一个嘘声的手势，迫不及待地奔向了另一条街。

2.我报的不是兴趣班，是爱情

站在画廊的楼下，我手里揣着下个月交舞蹈班的费用，为了何笑笑，我打算弃舞从画了。

何笑笑是我现在的同桌，我初中喜欢了他两年，没想到高中又见面了，并且成了我每天上课都能看到的左手边的人。为此，我爱上了周一到周五的上学时光，有点儿不情愿周末的到来。

我不断告诉自己，这次能与何笑笑有这样的相遇，一定是上帝给了指示，如果我再不努力争取一下，对不起我那场声势浩大的暗恋。

每次上数学课，何笑笑都会拿出画本，在洁白的A4纸上画着各种动漫人物，他埋着头一笔一笔地认真勾勒出眼睛、鼻子、嘴巴，最后一个完整的人物栩栩如生地映入我的眼睛里，我看着何笑笑的侧脸，顿时心生敬意。

何笑笑说，他喜欢画画，喜欢动漫，经常给一些校园杂志画动漫插图，尽管稿费甚微，他却乐此不疲。

我刚踏进画廊，就看见何笑笑坐在里面，认真地临摹最新动漫《进击的巨人》里面的兵长海报，看见我时惊讶地停下了手里的笔，语气里充满了阴阳怪气的调调："妈呀，周梦欢你是不是走错地方了？"

画廊老板热情地接待了我，我一边递上学费一边转过头朝着何笑笑吐了吐舌头："没走错，我来报名学画画。"

"你不是学拉丁舞的吗？"何笑笑明显觉得我在说笑。

我接过老板开的收据，坐在了何笑笑的旁边："那是以前，现在改了。"

"为什么呀？"何笑笑看着我笨拙地拿出笔，半天也下不了手的样子很是无语。

明知故问，我当然不会这么告诉何笑笑，我告诉他："这是个秘密，其实我从小就喜欢画画，可碍于家里不同意，于是只好委曲求全学了这么些年的舞蹈。"

何笑笑一副"哦，原来如此"的表情，他得意地介绍道："这位是动漫画廊的老板张北，美术学院毕业的大学生，你看他们家很有特色吧，除了可以学画画以外，老板还兼顾着卖一些最新的动漫物品，比如海报、杂志、钥匙扣、模型，等等。"

何笑笑滔滔不绝地给我讲了这家店的所有特色，老板张北给我准备了第一节的讲课内容，我安静地听着，努力地去学习何笑笑的花花世界里的精彩。

下午5点半的时候，我们结束了当天的学习内容，张北给我布置的第一堂课作业是画一张哆啦A梦生气的画，没有海报，没有样稿，我需要凭着想象力去画。

收拾完了画本，我和何笑笑一起离开了画廊，走到分岔路口时，我说："今天我告诉你了一个我的秘密，为了防止我对你杀人灭口，你是不是也该拿个秘密出来交换呢？"

何笑笑笑了，他咧开一口白牙问："你想听什么秘密？"

我不知吃了什么熊心豹子胆，居然恬不知耻地直接问了句："你喜欢的女生叫什么名字？"

好吧，我原本也没打算能从何笑笑嘴里听到"周梦欢"三个字，我觉得这种两情相悦的事情就像中了五百万那般概率太低，我甚至想过何笑笑会说没有喜欢的人，或者说出一个我从不曾听说过的名字。

但是，何笑笑说："我喜欢的人叫段晨曦。"

晴天霹雳！

3. 我吃的不是炸鸡，是嫉妒

　　我在画廊报完名的第二天就被我老妈秦女士发现了我在舞蹈班逃课的事情，秦女士把我叫到了客厅，一本正经地数落我肯定是逃课找我爸去了，我爸周先生是本市电视台的一名记者，总是不着家，因此秦女士很生气，打着学业紧的幌子不允许我见周先生。

　　父女连心，于是我每个月都会腾出一天时间去看周先生。

　　可是这次，我真的没有偷偷去看周先生，我理直气壮地从书包里拿出画廊的收据，惶恐地递给了秦女士，反正这事她早晚得知道，让暴风雨来得更早一些吧。

　　秦女士一看收据急了，提高了几十个分贝质问我："周小姐，你这是要造反吗？"

　　正在我和秦女士鸡同鸭讲之时，段晨曦跑到我家喊我去买英语参考资料，于是我暂时得救，临出门的时候，我听见秦女士给周先生打了一个紧急电话。

　　段晨曦在书店选英语参考资料时，我拿着手机噼里啪啦编辑了一长段信息发给了周先生，解释了我弃舞从画的主要原因，这叫有先见之明，也叫有备无患。

　　等段晨曦选好了参考资料后，我照着拿了本一模一样的，买单的时候，段晨曦才忍不住问我："你妈刚说你放弃舞蹈去学画画,是真的吗?"

我奸笑着点头如捣蒜,然后恍然大悟想起一件事:"走吧,请你吃饭去。"

从书店出来到炸鸡店门口,段晨曦不下百次地问我:"周梦欢,你疯了吧?你根本不喜欢画画,你喜欢的是跳舞。"

"哇,炸鸡配啤酒,肯定是人间美味,可惜我们未成年,老板不卖啤酒。"我一边啃着炸鸡一边忍不住赞美,段晨曦被我用美食诱惑成功地岔开了刚刚的话题,然后她刚吃一口就停了下来,看着我身后缓缓吐出了三个字:"何笑笑。"

我一扭头就对上了何笑笑的桃花眼,他正眉开眼笑地看着段晨曦,不请自来地坐到了我旁边:"好巧,你们也喜欢这家的炸鸡啊。"

段晨曦是何笑笑的初中同桌,我是何笑笑的高中同桌,何笑笑喜欢段晨曦可惜她不知道,我喜欢何笑笑可惜他也不知道,这样奇怪的三个人坐在一张桌子上,毫无心理压力能安心吃炸鸡的恐怕只有段晨曦一人了。

而我吃的不是炸鸡,是嫉妒。

我看着何笑笑吃着炸鸡的绅士表情,心里忍不住吐槽,装绅士干吗要过来陪吃炸鸡啊,何不去高档餐厅吃牛排啊?喜欢段晨曦干吗不坐在她旁边啊,坐在我旁边不知情的会误会好吗?还有何笑笑你干吗不和段晨曦讲话啊,你拉着我说东说西算怎么回事？

一顿简单的炸鸡被我们说说笑笑吃到了晚饭的时间，何笑笑说送我们回去，我心里又忍不住鄙夷他，上次我们画完画也没说送我回家，这次见色就变得无比殷勤了。段晨曦拍了拍何笑笑的肩膀，说："你先回去吧，我和周梦欢还要去超市买点儿东西。"

最后，何笑笑一个人灰溜溜地先走了。

我看着笑得古怪的段晨曦，疑惑地问："我们什么时候说要去超市啦？"

"去什么超市，回家啦。"段晨曦边走边说，"周梦欢，你这个迟钝的脑子，我刚刚是故意打发何笑笑先走的。"

我无语地昂首问苍天，难道段晨曦看出来了？但还是象征性地问了句："为何？"

段晨曦一副"朽木不可雕矣"的表情，啧啧地摇了摇头："周梦欢，难道你没看出来何笑笑喜欢你吗？"

咳咳咳！因为这句话，我被自己的口水噎住了。

4.我藏的不是秘密，是一份心情

晚上到家后，我才发现周先生回来了，我乖乖地脱了鞋坐在沙发上等候两个人对我的判决书。秦女士火气比较大，周先生让她作为旁听不要开口。然后周先生拿了份报纸坐在了我的对面，脸上正常的表情看不出喜怒，只是简单问了句："晚上吃饭没有？"

我点点头："吃了。"

周先生没有看我，只是盯着报纸，像是在认真地阅读某篇文章，他轻轻地把报纸翻了一页，随意得像是在聊家常："听你妈说，你报了画画班，能告诉我放弃学了五年的舞蹈的真正原因吗？"

周先生故意在"五年"的字眼儿上加重了声音，这不禁让我觉得，学了这么多年舞蹈放弃了的确有点儿可惜。

我对周先生一向比较坦诚，有什么说什么，周先生作为我爸的角色而言，我觉得他更像是一个老朋友。我看了看坐在一边的秦女士，欲言又止，认真地在脑海里理了理我爸妈各自的家庭地位，最后还是决定坦诚相待："我喜欢上了一个画画的男生。"

"什么？"秦女士很不淡定。

周先生相比较而言冷静多了，他告诉我："这不是什么错，每个人的青春期都会有的感情，可是爸爸对你只有一个要求，不要放弃舞蹈。如果没有意见的话，以后每周六上舞蹈课，每周日上画画课，舞蹈班的钱你妈妈会再给你，只是你自己这阵子会比较辛苦一点儿。"

说完，周先生把报纸递给了我，领着秦女士进了卧室，我这才发现，报纸的第四版上，有一篇周先生的文章——《致我女儿的十六岁》。

讲的大致是：我的女儿她一定会在青春期的某一阶段，喜欢上一个或优秀或普通的男生，我不会去阻止她的感情，我只是希望她能在不成熟的感情到来之前做出正确的事情，第一点便是不要放弃自我……

我看着那份报纸，眼角有泪花闪烁，然后把这份理解锁进了床头的第一个屉子里。

周一的早晨，空气终于湿润了开来，下起了毛毛细雨，我带着如释重负的愉悦心情来到了教室。何笑笑拿着刚发下来的数学试卷跟我打了个招呼，我定睛一看："何笑笑，你这次数学又没及格呀。"

何笑笑一下子蔫了，第一时间收起了试卷，突然想到什么般，探了半颗脑袋过来问我："你没把我喜欢段晨曦的事情告诉她吧？"

我看着数学试卷上那唯一一道不该写错的题懊恼，听到何笑笑主动提这一茬儿，朝他翻了个白眼："我又不是大嘴巴，这种事情当然得当事人自己去说，我才不会多管闲事。"

"那就好。"何笑笑像吃了定心丸一样安了心。

我当然不会主动告诉段晨曦，我甚至希望，何笑笑也可以一直不告诉段晨曦，让这个秘密深藏在我们的高中时光里。

5.我画的不是兵长，是何笑笑

当我把我画的生气的哆啦A梦拿给画廊老板张北看的时候，何笑笑在一边笑得肚子都疼了。他好奇地打量了我一番，然后忍着笑问："周梦欢，你确定你画的是哆啦A梦吗？我怎么看都像胖虎啊——"

张北也只是看了看我的画，轻轻地摇了摇头，象征性地安慰了句："下次加油。"

数学课上，经历了再次不及格的何笑笑干脆放弃了这门学科，一心趴在桌子上画着那个一米六的男人——兵长。我之前也看过这个动漫，在里面最喜欢的人物也是兵长，趁着数学老师这节课也没讲什么新的知识点，只是单纯地对着试卷讲解，我就拿了何笑笑的兵长小卡片，照葫芦画瓢地临摹起来。

下课之后，何笑笑要看我画的兵长，我死活不肯，我甚至拿要把何笑笑喜欢段晨曦的事情说出去以示威胁，他才肯罢休。

何笑笑是罢休了，可是段晨曦出现了，她看着我们俩什么话都没说又走出了我们教室。

我和何笑笑两个人坐在位置上大眼瞪小眼，都不知道该怎么办。剩下的几堂课，我们是一个字儿都没有听进去，看着不同课程的书本里的文字，希望能看出解决问题的办法。

　　放学后，何笑笑告诉我，他思虑再三觉得这件事还是我去解释一下比较好，我反问："如何解释？"何笑笑说："两个选择，要么你告诉段晨曦我喜欢她这件事是真的，然后我就可以光明正大地追她了；要么你告诉段晨曦你给我开的玩笑，以后我喜欢段晨曦这件事我就烂在肚子里，再也不提。"

　　我说："好，何笑笑你就烂在肚子里吧。"

　　晚上回家后，我把数学课上画的画拿了出来，仔细地在灯光下琢磨了一阵，明明看不出来像何笑笑，我到底在怕什么？

　　是的，我没画兵长，我打着画兵长的名义偷偷地看了何笑笑一节课，尽管画得还是不像。

　　然后，我拿起了手机给段晨曦打了个电话，我问："你喜欢何笑笑吗？"

　　"不喜欢。"段晨曦如是说。

　　我心里的石头像是稳稳地放了下来，我一下子在电话里笑出了声，"你笨啊，没看出我和何笑笑在开玩笑吗？他说他不喜欢你，我故意反之。"

　　段晨曦在电话里也笑了，她说："嗯，我猜也是，早点儿睡吧。"

　　挂了电话，我给何笑笑发了条短信，事情搞定。

　　我原本打算，如果段晨曦也喜欢何笑笑的话，我就告诉她实话，如果段晨曦不喜欢何笑笑，我就把这个秘密深藏起来。可是，何笑笑回我的短信是："我已经给段晨曦表白了。"

6.我终究不是你喜欢的样子

我喜欢何笑笑在数学课上画动漫的后脑勺儿，我喜欢何笑笑在画廊看见我时的表情，我喜欢何笑笑吃炸鸡时伪装的绅士行为，我甚至喜欢何笑笑给段晨曦表白的义无反顾。我喜欢的样子，何笑笑都有。

可何笑笑喜欢的样子，段晨曦都有。

在何笑笑还拿不定主意表白之前，他把这个决定交给我时，我虽然有着一丝窃喜，却更多的是对他的鄙夷。连对喜欢的女生说出喜欢这种话都不敢，我看着多少有些挫败感，像是喜欢错了一般。

画画学了一个月，我便没有再交第二个月的费用，一是我真的不是那块料，二是我想到了该放手的时候。

又是一个周末，从舞蹈教室出来的时候，我拉着段晨曦逼供："说实话，你喜欢何笑笑的对吧？"

"真没有。"

我继续展开我的围攻，轻声细语地解释着："我猜，你一定以为我喜欢何笑笑，所以你不敢承认对不对？告诉你吧，我才真的是把何笑笑当朋友而已，不信我拿我最爱的舞蹈起誓。如果我喜欢何笑笑，这辈子就让我失去双腿再也不能……"

段晨曦一把捂住了我的嘴，无可奈何地应着："我承认我喜欢何笑笑行了吧，你千万别拿腿开玩笑，知道吗？"

"嗯，以后不会了。"

回家的路上，我和段晨曦有说有笑，我仿佛回到喜欢着何笑笑的那些日子，那些点滴提醒着我，叫何笑笑的少年已经辜负了我最初的喜欢，既然如此，不如让爱深藏。

不管段晨曦是不是真的喜欢何笑笑，只盼望她不再辜负少年时的那一份与爱有关的感情。

云春巷往事

陆小秋

1.那年十四岁

悠夏盯着狭隘的巷弄里来来往往的人群，忽然，她眼睛一亮，推了推身边的顾兰："瞧，那人像不像李敏镐？"

顾兰只顾着自己做题，没空搭理悠夏，嘴上不忘念叨她："都快中考了，还有空追韩流明星？"

悠夏咂咂嘴，没接话，相较于死记硬背书上的东西，她更喜欢趴在窗台上观察来来去去的人，比如街角的"张家豆腐"，只有一个近四十多岁的单身老板娘，从认识她那天起就没见她板着脸过，一直笑；还有她家对面的王叔，给人理头发从来只收两块钱，明明家里三个儿女都有出息本事大，但他舍不得几十年的老邻居，就是不肯迁出这儿……猜测熟悉或陌生的人身后会有怎样的故事，这可比做作业来得有趣多了。

悠夏正神游太虚，忽然看见一个身影正往屋子里走，她赶紧将桌上的东西放好，装作看书的样子，嘴里不忘对顾兰吐槽："不是说你妈今天回来得晚吗？刚才我看她进屋了。"

顾兰写字的手顿了顿，"噢"了声，归于沉默。

很快，楼底下吵架和谩骂声传了上来，顾妈妈是云春巷里出了名的大嗓门儿，与自家妯娌间的矛盾已经持续了很久，三天一小吵，五天一大吵。

悠夏暗自心慌战火会蔓延到楼上来，顾妈妈一般跟别人吵完架都会再到顾兰这儿发一通脾气，果然，没过多久，楼下是安静了，可是楼梯那儿却传来了顾妈妈自言自语的咒骂声，越来越近，出现在了阁楼门口。

还不等悠夏开口打招呼，顾妈妈就对准顾兰发脾气："我让你洗碗，你洗好也不收拾进橱柜里去，不是白洗了吗？"

"地也没拖干净，屋子里还有那么多头发。"

……

骂了几句，又像没事人一样转身下楼。顾兰一脸漠然，显然是习惯了。

"晚上去我家吃吧，我妈包饺子。"悠夏整理完东西后，拉着顾兰的手飞下楼，经过顾妈妈卧室时，叫了声：
"阿姨，顾兰去我家吃饭。"不等回应，一路小跑，奔向
巷弄的另一端。

顾兰有一个会骂人的妈妈，还有个欺负她的弟弟，偌
大的三层木屋结构的房子，她只能蜗居在顶层阁楼，作为
顾兰的小姐妹，悠夏能做的就是尽可能地保护她。她俩成
了云春巷最惹人怜爱的小姐妹。

刚才还心惊胆战呢，可悠夏刚回到自家，就看到了
客厅里站着那个"李敏镐"，她差点儿抱住顾兰大声喊万
岁，啊！刚才看到的帅哥居然出现在她家！

而且，那人好像与爸妈关系还不错。

"林悠夏，快来认识下，这是江源，H中的尖子生，
以后他周末来给你辅导功课，你中考前，他都会带你。"

江源帅气地举手示意。

悠夏只顾着低头傻笑，脸颊微红，她心里想，只要有
帅哥做护法，学习算什么？她要偷偷找个机会拍张照片，
去贴吧跟网友们分享下，到底像不像。她不自觉地拽住顾
兰的手臂，很紧很紧。

英勇解救小姐妹后，又在自家遇上帅哥，悠夏觉得自
己的十四岁棒极了。

最爱辜负少年时

2.黑黑的夜晚

悠夏以为只要她用心就会有成果，可不管江源怎么教，她的成绩只能在班里十五名上下徘徊。这个名次很尴尬，努力奋斗一把说不定能考上H城高中，要是一直这么下去，就只能去读普通中学。

倒是在悠夏家一起学习的顾兰，成绩"噌噌"往上蹿，形势喜人。这让悠夏心里颇不是滋味。

江源是个自来熟，才没几天，已经跟她们打闹成一片。除了规定的学习时间外，他温暖得像个邻家大哥。他有时候刺激悠夏："你再不用功点儿，到时候我和顾兰在一个学校读书，只有你一个人在别的学校孤身奋斗。"

悠夏心里憋屈，事实上不是她不用功，只是自己那榆木脑袋记性太差，没几天，就把前面学的知识点给忘记了，但被江源威胁后，她死命啃书本，终于在第二次模拟测试中取得了全班第九的好成绩。

悠夏打算用妈妈奖励的钱请江源和顾兰吃酸菜鱼，在云春巷最出名的一家餐馆，外人都需要排上半个多小时的队呢，但她悠夏不用，谁让她是大家宠爱的小霸王呢。

悠夏挑了一条整整三斤的鱼，点了七八个菜，回到座位上却发现顾兰和江源聊得正欢乐。顾兰从来没有这么主动与人攀谈过，看来还是江源的魅力够大。她坐一边听，他们说的都是些冷门话题，她一句也插不上。

直到香喷喷的酸菜鱼上桌，她才得到解脱，开吃。

"筷子拿反了。"吃了好久，江源才提醒她，"怎么？今天不开心了？"

悠夏晃了晃脑袋说："没有啊！"她只是觉得他俩讨论得那么欢快，不想插嘴，再加上一点点的失落，美食刚好能弥补。

"她啊，就是个吃货。"顾兰随即补上一句。很平常的玩笑话，悠夏隐隐觉得不爽，私底下两人怎么开玩笑都成，这不，还有帅哥江源在啊，但不爽仅仅维持了几秒，就被美味给冲淡了。

万万没想到，那顿酸菜鱼会在争执中结束。

顾妈妈在吃饭中途出现，说顾兰只知道野在外面，弟弟摔跤出事了也不管，在一众人面前将其骂得惨不忍睹，拽着她的胳膊拖回了家。眼看着热腾腾的汤还剩一半，大家却再也没了吃的欲望。

江源毕竟是第一次见这种阵仗，不由得诧异，世上竟有这种母亲。

"就因为她妈妈，所以顾兰身边才没朋友，要不是我性子够坚韧，也做不了她的朋友。"悠夏叹了口气，说实话，她现在都很少去顾兰家了，只有她妈不在才敢过去。"说好要陪着她，帮助她，但每次只能看着她挨骂，我真没用。"悠夏说。

不自觉间,江源的手掌覆在她的脑袋上,轻轻摩挲着说:"你这样已经很好啦,我们以后多帮助她吧。"悠夏只觉得小心脏突突地跳,江源刚才说"我们",给人站在一个阵营的感觉。

晚上九点半,顾兰妈妈睡着后,悠夏和江源到顾兰家,轻声喊她的名字。

顾兰手臂上都是抓痕,脸上也是巴掌印,悠夏赶紧把随身带来的药膏递上:"你房间里差不多都用完了,这个拿着。"

黑黑的夜晚,月光特别亮,倒映在地面的影子拉得格外长,两个影子紧紧拥抱着,另一人,站在边上守护。

3.前行路中的岔路口

悠夏为了不成为落单的那个,几乎天天熬夜复习,严格按照江源特地为她制定的复习计划学习,几次模拟考的名次还算不错,大家都以为这下总能考上重点高中了吧,谁知成绩一出来,跌碎了眼镜,离分数线只差两分。

悠夏顿时觉得一个头,两个大。从此以后,别说去H中找江源了,跟顾兰都该分开了,江源那句话应验了,她真的只能一个人在别的学校孤身奋斗了。

手机里不停地响起江源的来电,悠夏一个个摁掉,她答应过会考进那所学校的,而现在,她食言了,所以不想面对。

江源气喘吁吁赶到她家时，已经是晚上七点多了，悠夏刚吃好晚饭，颓败地瘫在沙发上。

"悠夏，说好出成绩第一个告诉我的，你怎么连电话都不接？"江源理直气壮地问。

悠夏侧过身子不理她，就算她脸皮再厚，也是有尊严的。他教了她这么久，结果还是辜负了他的期望，让她怎么有颜面去面对他呢？

"不管考得怎么样，这都不是最后一仗，振作起来。"江源意识到悠夏的失落，语气转缓了点儿，悠夏妈妈也对江源耳语了几句，他的声音缓和下来："考完试了，就得放轻松，来，我带你出去玩儿"

悠夏本想拒绝的，但一想到上高中以后，能见面的次数就更少了，她踌躇了会儿，仰起脑袋问："去哪儿？"

一辆单车，两个大声喧哗的人，在空旷的大马路上骑行，她的一只手，紧紧抓着他的衣服，坏情绪一点点被迎面而来的风吹散。

"这次考砸了不要紧，一辈子那么久，每个过程都可能出岔子，只要在路上，就能一直看风景。"那天江源说了很多安慰的话，唯独这句，她记得最牢。

但她没想到，这个岔子居然会是顾兰。

回家时，他俩遇见了守在巷口的顾兰，手里还拿着一盒悠夏爱吃的蛋挞。

"我等了你很久，蛋挞都凉了，你回家热了再吃。"说完将东西塞到悠夏手里，一脸阴郁地转身离开。悠夏被她的举动弄得一愣一愣的，她想不通顾兰怎么了，送蛋挞应该是想关心她中考失利，可刚才的表情为什么是生气呢？江源也问："怎么？你们闹脾气了？"她恍惚回答："不知道。"

很久以后，她才明白，悠夏不是生气，她是孤独，她害怕被遗弃。

尽管次日醒来，一切如初，顾兰说那晚得知悠夏考不好，想等她回来安慰的，后来实在等得太久，情绪差了点儿。

就是在那时候开始，悠夏隐隐感觉到顾兰离她越来越远了。

4.无形刺刀

高中要住校，一周回家一次，悠夏和顾兰彼此都有了新的一批朋友，若时光仅是这般安静逝去倒也好，可偏偏，关于顾兰越来越多的流言传进了悠夏的耳朵。

流言里最多的，是关于顾兰爱出风头、抢东西的琐事。若是一双好友出了点儿矛盾，她是煽风点火的那个；若任课老师稍微表现出对哪位学生的偏爱，她会用功拿下那门功课的第一名，掩盖别人的风采；撒娇卖萌博得男生喜欢……只要是她能抢到手的，都毫不手软。在男生面前挺吃得开，女生这边，一致将其列为敌人。

流言有真有假，悠夏当然不会全信，她有意无意提起那些被传的事情时，顾兰总是一副事不关己的态度："想不到我名气这么大？这点儿小事都能传到你那里？"

悠夏呵呵笑着说："名气大也不一定是好事，收敛点儿吧！"玩笑一般的劝诫，顾兰仅是滞了一小会儿，依旧谈笑风生。

许是高中课业压力比较重，许是顾兰有意避开，悠夏见到顾兰的次数越来越少了，倒是与江源见面的次数比较多，因为她需要他的各科笔记。

"要是初中那会儿再加把劲儿考上H中，也不用跑大老远过来借笔记。"在H中外的小面馆，江源把几本笔记放在悠夏跟前，"记住噢，两周必须还，我们下个月进入全盘复习阶段，这些笔记我都要用。"

"好啦，会珍惜的，你看，我特地为了装它们还准备了个漂亮的袋子。"悠夏嘴上虽说会珍惜，心里也没谱，上次借的笔记，不小心洒上了咖啡，忏悔了好久江源才松口肯继续借，这次说什么都要完璧归赵了！

气氛本来挺好的，可顾兰一来，江源就沉默了，变得严肃起来，顾兰怎么跟他搭话，他都不太搭理。上次三个人见面是一个月前江源生日，他俩关系还不错，怎么现在像是陌生人。

悠夏眼看时间紧没多问，骑车回学校起码要半个多小时，吃完饭跟两个人告别，飞奔而去，赶到停车那才发现自己钥匙没带，愤恨地敲了敲自己的脑袋。

匆匆赶回面店时，却意外发现店门口顾兰正扯着江源的衣袖。

"我哪里惹到你了？用得着这么一副臭脾气吗？"显然对话才刚刚开始，悠夏停在转角处，没再往前跨脚步。

"你爱干什么都行，别把我扯进去行吗？就算咱们是朋友，也别在你们班贩卖我的个人信息。"

"这么多学妹崇拜你是好事啊，我是在为你拓宽人际交往。"顾兰理直气壮地说着，话锋一转却到了悠夏这儿，"我做错一件事你就生气，悠夏总是在犯错，怎么不见你对她有意见？别被她的善良给迷惑了，那些都是装的。"

如果不是亲耳听到，悠夏真不相信顾兰会说出这番话，她愣愣地躲在墙角，那句话一直在她脑海里萦绕，挥之不去，等她回过神儿来，两个人已离去。

悠夏一直将顾兰像亲姐妹一般对待，到头来，却被血淋淋地捅了一刀。

"我们要当一辈子的姐妹！"

"好啊！"

最初温暖承诺，变成无形刺刀，刀刀致命。

5.失控的小鸟

自从那次听到顾兰对自己的评价，悠夏就铁了心不管顾兰的事了。但当她从江源那儿听到顾兰因为偷窃，被学校做了停课一周的处理时，她却焦急不已，怎么也坐不住。

怎么可能？那个懂事听话的顾兰，会偷窃？

"我觉得现在的顾兰，好像变了，跟以前不一样了。"江源感慨道，"以前初中给你补习时，她都埋头学习，可到了高中，三天两头就能听见她的八卦，跟很多不靠谱的男生一起成为老师眼中的坏学生，感觉彻底变了。"

以前流言里的事情，全部在江源这儿得到了证实。

"你说有没有可能，是心理上出了问题？"悠夏总是担心，顾兰那会家暴的母亲，以及她牢笼般的家。

她在书上看到过，有时候偷东西只是想要发泄，并不是为金钱。

"挺文静一女孩儿，突然变叛逆，肯定有蹊跷。"江源表示了赞同。

悠夏的母亲是护士，认识医院里很多医生，她缠着妈妈帮忙找心理医生。她把顾兰的情况一五一十地告诉妈妈后，妈妈却理所当然地说："有那么凶悍的妈，不残疾也要变态。"

如妈妈所言，心理医生在听闻她的描述后，也推断顾兰是因住校突然脱离母亲高压控制，心理状态发生变化，在母亲那儿得不到的东西她要从别人那里去得到，是一种转嫁心理。在母亲面前灰暗的人生，想要在高中同学面前变得光辉万丈，以至于有很多膨胀行为。否认友情也是因为不想回忆起过往与家庭有关的事，扭曲地看待友情。

"这些只是推断，最好还是让患者能自己就诊，而且偷窃行为证明情况已经相当严重了，最好是能及早疏导。"医生在悠夏离开前，慎重嘱咐。

现在的顾兰，就像只失控的小鸟，越飞越远，悠夏都快看不见了，她当然想帮助顾兰，但仅凭她们现在已经疏离的关系，又怎么能说得动呢？

就在她苦思冥想有什么法子时，顾兰又被学校处分了一次，再这样下去，很容易被退学处理。

悠夏焦急死了，怎么办呢？

6.好友复苏进行时

周日早晨，悠夏像疯子似的在顾兰家底下狂叫。睡梦中的顾兰睁着睡眼站窗口探头说："大清早，你发癫呢？"

"我有事找你帮忙。"

十五分钟后，穿戴整齐的顾兰站在悠夏面前，一脸不解："好不容易有个周日，你也不给人睡个好觉。"

"最近我天天失眠，心情抑郁，昨天梦见自己掉池塘淹死了。我妈帮我找了心理医生，我不敢一个人去，你能陪我吗？"悠夏说得可怜兮兮，她这般恳求顾兰肯定不会被拒绝，医生那边已经预约好了。

顾兰沉思了一小会儿，不忍拒绝："我今天约好打台球，别拖太迟哦。"

也许多管闲事会被顾兰忌恨，但悠夏顾不得这么多，她现在不能看她这么堕落下去，才想出了这么个办法。

顾兰陪着悠夏进入诊疗室，没多久悠夏就借故离开，让医生与顾兰单独攀谈，过了半小时之后才进屋。

顾兰的双眼有点儿湿润，悠夏暗自高兴，应该没白来。

那天离开诊室，顾兰的手一直紧紧攥着悠夏。

"如果我下次想来这里，你能陪我来吗？说好了下周过来。"顾兰小声问。

"你还要来？行啊，当然行。"悠夏完全装成不知情的样子，连连答应。

没有人愿意被别人看穿自己的弱点，悠夏当然明白这个道理，所以不管是现在还是以后，她都装作什么都不知道。

恰在她俩愉快聊天时，电话声又响起了，顾兰好奇地问："谁啊？"

"江源啊，高考成绩放榜，他分数很高，说是要请咱俩吃酸菜鱼。他之前一个电话问咱俩有没有时间，我说你忙着打台球没空，这会儿估计要出门知会我一声。"

"我能去，能去。"还不等悠夏接电话，顾兰急着说，"想打台球什么时候都可以，但是跟你们一起吃饭，是很久前的事了。"悠夏微笑着点头，揽住了顾兰的胳膊，与此同时，顾兰握住了她的手，如曾经一般亲密。

顾兰很快明白，好多事情，她都错了。

曾经的她，被母亲禁锢在小阁楼里，是一家人排挤谩骂的对象；后来，她认识了悠夏，生命中出现点儿微弱的光芒，能让她在暗黑的世界里感受到一点儿温暖；江源出现后，她一边羡慕悠夏得到这么好的朋友，一边又担心悠夏会不会离开她，特别是那个拿着蛋挞等的晚上，看见悠夏和江源的身影；因为母亲的伤害她不想再成为被动的人，所以她开始伤害别人，从最亲近的人开始，于是就选择了悠夏和江源；但她没想到堕落是会上瘾的，她沉溺于自己的叛逆无法自拔，甚至差点儿丧失分辨是非的能力，只想将母亲强加于自己的压力发泄出来。

如果不是悠夏"歪打正着"带她就医，说不定她还沉浸在自己的世界，这条崎岖的道路她走得太远了，要回去也许要花很大的心力，但悠夏说过，这一路都会陪伴，那还怕什么呢？